오늘도 좋은 사람인 척하느라 하루를 낭비한 당신에게

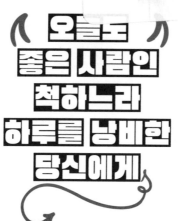

오늘도 좋은 사람인 척하느라 하루를 낭비한 당신에게

2020년 7월 1일 개정판 1쇄 인쇄
2020년 7월 8일 개정판 1쇄 발행

지은이 | 카도 아키오
옮긴이 | 양억관, 김선민
펴낸이 | 이종춘
펴낸곳 | (주)첨단

주소 | 서울시 마포구 양화로 127 (서교동) 첨단빌딩 3층
전화 | 02-338-9151
팩스 | 02-338-9155
인터넷 홈페이지 | www.goldenowl.co.kr
출판등록 | 2000년 2월 15일 제 2000-000035호

본부장 | 홍종훈
편집 | 이소현
본문 디자인 | 윤선미, 조서봉
전략마케팅 | 구본철, 차정욱, 나진호, 이동후, 강호묵
제작 | 김유석
경영지원 | 윤정희, 이금선, 김미애, 정유호

978-89-6030-557-1 13320

BM 황금부엉이는 (주)첨단의 단행본 출판 브랜드입니다.

- 값은 뒤표지에 있습니다.
- 잘못된 책은 구입하신 서점에서 바꾸어 드립니다.
- 이 책은 신저작권법에 의거해 한국 내에서 보호를 받는 저작물이므로 무단 전재 및 복제를 금합니다.
- 이 책은 『악인의 지혜』, 『악인의 심리학』의 개정판입니다.

황금부엉이에서 출간하고 싶은 원고가 있으신가요? 생각해보신 책의 제목(가제), 내용에 대한
소개, 간단한 자기소개, 연락처를 book@goldenowl.co.kr 메일로 보내주세요. 집필하신 원고
가 있다면 원고의 일부 또는 전체를 함께 보내주시면 더욱 좋습니다.
책의 집필이 아닌 기획안을 제안해주셔도 좋습니다. 보내주신 분이 저 자신이라는 마음으로
정성을 다해 검토하겠습니다.

답답한 인간관계를 뻥 뚫어주는 134가지 묘약

오늘도 좋은 사람인 척하느라 하루를 낭비한 당신에게

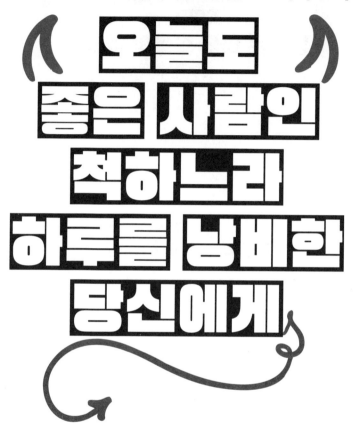

카도 아키오 지음 | 양억관 · 김선민 옮김

BM 황금부엉이

당신은 아무 잘못이 없다

'인간관계가 잘 풀리지 않는다', '상대를 설득하는 재주가 없다', '아무리 애를 써도 결과가 좋지 않다'… 그런 고민을 안고 있는 사람이 많은 것 같다. 그것은 아마 당신도 모르는 사이에 상대의 페이스에 휘말려들거나 늘 이용만 당하며 살아온 결과인지도 모른다.

세상에는 여러 부류의 인간들이 있다. 그래서 그저 그런 의견이라도 목소리만 크면 마치 훌륭한 의견인 것처럼 인정받는 경우가 생기기도 한다.

고객센터에 불편사항을 접수할 때를 생각해보자. 논리 정연하게 설명하면 "회사 내부 규정이라 어쩔 수가 없네요"라는 말만 되돌아올 뿐이지만, 큰 소리로 고함을 치면 의외로 일이 쉽게 풀리기도 하지 않는가.

한편, 이와는 정반대의 경우도 있다. 타인을 협박할 때는 큰 소리로 으름장을 놓기보다는 속삭이듯 말해야 상대방을 당신의 영향권에 둘

수가 있다. 또한 잘난 척하며 뻐기는 사람은 칭찬으로 녹여버리면 고분고분해진다.

상대의 본성이나 약점을 꿰뚫어보고 그것을 이용하여 상대를 마음대로 조정하려면 어떻게 해야 할까? 상대가 눈치채기 전에 압박을 가하고, 의견을 바꾸게 하고, 내가 원하는 대로 이끌어갈 수 있는 방법은?

사람의 마음이나 행동은 자신이 의식하지 못하는 무의식에 기반을 두고 있다. 바로 그 점을 간파하여 활용하면 마음먹은 대로 사람을 움직일 수 있다. 상대방의 생각이나 약점, 비밀이나 책략, 그리고 심리 상태 등은 말과 표정, 태도를 통해 바깥으로 드러나게 마련이다. 따라서 이러한 것들을 적절하게 파악하고 활용하는 노하우를 습득한다면 당신도 인간 심리에 정통한 사람이 될 수 있을 것이다.

이 책에 공개한 노하우를 활용하면 눈엣가시 같던 상대방을 꼼짝 못하게 할 수 있다. 당신을 지키기 위한 수단으로 이용할 수도 있다. 단순히 사람을 관찰하는 색다른 방법으로 삼아도 좋다. 이 책을 통해 작지만 실생활에서 마음껏 활용할 수 있는 지혜를 배워, 험한 세상의 파도에서 자신을 지키는 요령을 얻어 가기를 바란다.

어쩌면 뻔뻔스럽기도 하지만 배짱 있는 삶을 살아가려는 당신을 응원한다.

《 목차 》

덤벼!

> **chapter 2** **싸우고 나서 뒤늦게 할 말이 생각나는 당신에게**
> 이런 건 꼭 자기 전에 생각나더라

chapter
3

이기적이지만 나를 위해 살기로 했다
남 탓 좀 하면 세상이 무너지나?

chapter
4

함부로 말하는 사람에게 함부로 대하는 법
가는 말은 고운데 오는 말이 왜 그래?

목차

chapter 5

착한 어른 콤플렉스 고치는 법
'좋은 사람'과 '호구'의 아슬아슬한 경계선 넘나들기

속 터진다!
내로남불!

chapter 1

당신의 삶에
'악'이 필요할 때

악(!)이냐 악(惡)이냐,
그것이 문제로다

최악 대신 차악을
선택하게 하는 법

인간은 살아가면서 무엇이든 항상 비교한다. '불행 중 다행'이라는 표현도 바로 그런 것을 두고 하는 말이다.

'화재로 집이 다 타버렸지만 그래도 가족 모두 무사해서 다행'이라든가, '좌천되긴 했지만, 정리해고는 당하지 않아서 다행'이라는 식으로 위안을 삼는다.

물론 일시적으로는 '집이 다 타버렸으니 앞일이 막막해서 살기 싫다' 혹은 '강등되다니, 차라리 죽고 싶다'는 사람도 있을 것이다. 그러나 대다수의 사람들은 최악의 사태는 면했다는 사실에 안도하며 다시 살아갈 희망을 얻는다.

인사과 직원이 영업부 사원에게 전근 명령을 전달한다고 하자. 이때 인사과 직원이 "사실 자네는 정리해고 대상자 명단에 올라 있었지만, 지금까지의 공적도 있고, 게다가 집에는 고등학교, 중학교에 다니는 자녀들도 있지 않은가. 그래서 회사에서 특별히 부산 영업소 전근으로 축소 결정했네"라고 말한다면 어떨까? 당사자인 영업부 사원은 "잘리지 않아서 다행이야"라며 가벼운 처분이라고 생각하고 가슴을 쓸어내릴 것이다.

이러한 비교 판단 기준은 보통 세상에 통용되는 일반 상식에 준한다. 그렇기 때문에 정리해고 폭풍이 휘몰아쳐 강등되긴 했어도, 언제 잘릴지 모르는 이런 불경기 속에서 강등으로 끝났다는 걸 감사하게 생각해야 한다는 사실을 스스로 납득할 수 있다. 다시 말하자면 정리해고와 강등을 서로 비교하여 판단하는 것인데, 이를 대비효과라고 한다. 이 대비효과를 제대로 활용하면 상황을 당신에게 유리하게 만드는 동시에 상대를 납득시킬 수 있다.

생각지도 못한 전화를
받았을 때 대처하는 법

살다 보면, '이번 일은 잘 풀릴 것 같다'고 생각하는 순간 의도적으로 허를 찌르고 들어오는 일이 있게 마련이다. 일을 할 때 다급하게 전화해서는 다짜고짜 협상 결과를 전달하는 경우가 그 예이다. 그것도 이쪽에서 수화기를 집어 들자마자 불쑥 결과부터 들이대는 식이라면 더욱 황당하다.

"여보세요, 지난번에 회의한 사항은 아무래도 안 되겠습니다. 그 조건으로는 도저히 무리입니다. 조금 더 양보해주지 않으면 곤란합니다."

만일 당신이 다른 일로 머리가 복잡할 때 이런 전화를 받는다면 순간적으로 이에 대한 적절한 대응이 불가능할 것이다. 그래서 이런 사람들 가운데 일부러 출근 직후의 이른 아침 시간, 즉 업무 준비가 채 되지 않은 시간대를 노려서 전화하는 사람도 있다.

일단 전화를 받기는 했으나 아무래도 정신이 없는 당신이 전화기 너

머 상대편에게 애매한 답변만 늘어놓고 있으면 이야기의 페이스는 점점 상대편에게로 끌려간다. 이렇게 되면 결국 당신은 상대방의 손아귀에서 놀아나는 꼴이 되고 만다.

이때 얼마간은 상대방의 이야기에 "네, 네" 하고 대답만 한다. 그러다가 수화기를 귀에서 멀리 떨어뜨려 상대편의 이야기를 듣지 않고 심호흡을 해둔다. 그러고는 딱 잘라서 "정말 죄송합니다만, 지금 너무 바빠서요. 10분 후에 제가 전화드리겠습니다"라고 말한 후 재빨리 전화를 끊어버린다.

그런 식으로 시간을 벌어둔 다음, 그 사이에 냉정하고 침착하게 대처법을 생각해놓는다. 그리고 나서 약속한 시간보다 먼저 상대편에게 전화를 걸어 상대방이 전화를 받기가 무섭게 본론을 꺼낸다. "아까 그 이야기 말인데요. 저희가 제시하는 조건이 이렇기 때문에 이 이상은 물러설 수 없습니다" 하고 몰아붙여 기선을 제압한다. 그러면 주도권은 다시 당신에게로 넘어온다.

항상 갑자기 허를 찌르는 방법으로 모든 일을 처리하려고 하는 사람의 경우, 자신도 같은 일을 당하면 의외로 소극적인 모습을 보인다. 따라서 이 방법을 사용하면 상황을 얼마든지 역전시킬 수 있다.

열 번 찍은 나무는
어떻게 해야 할까

업무 협상이나 이성 관계에서나 처음에는 무조건 적극적으로 밀어붙일 필요가 있다.

이른바 행동이 없으면 성공도 없는 법이다. 물론 그저 무섭게 밀어붙이기만 한다고 해서 다 잘되는 것도 아니다. 그렇다면 어떻게 해야 할까? 열 번 밀어붙였으면 한 번은 물러서주는 것이 현명한 자세이다. 흔히 '치고 빠지기'라고도 하는데, 그야말로 설득 기술의 왕도이다. 왜 이런 식의, 밀어붙일 대로 밀어붙인 후에 한 번 물러서주는 전략이 효과를 발휘하는 것일까?

인간의 심리를 생각해보면 그 이유는 간단하다. 누구나 상대방이 끈질기게 설득하고 회유할 때는 별생각이 없다가도 어느 정도 휴지기의 시간이 흐르면 그에 동하는 마음이 들기도 한다.

이를 심리학에서는 '가면효과'라고 한다. 별 관심 없었던 이성이라도 자신에게 적극적으로 다가오면 어느새 그에게 호감을 갖는 사람의 심리, 이 또한 가면효과의 작용 때문이다. 슬슬 가면효과가 나타났다 싶을 때 뒤로 한발 빠져주면 상대방은 오히려 궁금하게 생각한다. '지금껏 끈질기게 들러붙더니, 왜 갑자기 연락을 뚝 끊었을까?' 하고 은근히 신경을 쓰게 마련이다.

바로 그걸 노리는 것이다. 얼마간은 그렇게 접촉을 삼가다가 때가 됐다 싶을 때 다시 연락을 취하면, '예스'라는 답변을 받아낼 확률이 확실히 커진다. 따라서 처음에는 상대방이 시큰둥하더라도 열심히 쫓아다니다 보면 결국에는 얻고자 하던 것을 확실하게 손에 넣을 수 있다.

그러나 인간 심리에 무지한 영업사원이라면 어떨까? 대부분 몇 번 설득해보다가 정작 가면효과의 작용으로 고객의 마음이 움직이기 시작할 때쯤 가망성이 없다며 깨끗하게 돌아서고 만다. 즉, 고객은 '다음번에 오면 구매 상담을 받아야겠다'고 생각하고 있는데 오히려 영업사원이 그 후로 아무런 연락을 취해오지 않는 경우가 허다하다.

상품을 판매할 때나 이성을 유혹할 때나 마찬가지다. '열 번 밀어붙였으면 한 번 물러섰다가 잠시 후에 다시 밀어붙이는 작전'을 적절하게 활용하여 성공에 한걸음 가까이 다가가자.

어수선한 상황을
이용하라

이야기를 당신에게 유리한 방향으로 이끌고 싶다면 장소를 시끌벅적한 곳으로 택하기 바란다.

예를 들어 고객과의 약속시간을 정할 때는 일부러 소음으로 가득한 역 앞이나 번화가 한가운데서 고객에게 전화를 건다. 상대가 전화를 받으면 먼저 시끄러운 곳에서 전화를 한 데에 대한 사과의 뜻을 전한다. 그리고 서둘러 용건을 말한다. 이때는 반드시 필사적으로 노력하는 모습이 중요하다. 약간 숨을 헐떡거리면서 이야기하고, 여기에 목소리까지 크면 금상첨화이다.

시끄러운 주변 환경 때문에 어떻게든 빨리 결론을 내야만 할 것 같은 분위기가 전달되면 쉽게 고객과의 면담 약속을 받아내는 것까지 성공한다. 사실 굳이 결정을 빨리 할 이유가 없는데도 이쪽에서 연출하는 분위기에 휩쓸려 얼렁뚱땅 대답을 하기 때문이다.

반대로, 비즈니스 상황에서 상대방에게 거절의 뜻을 밝힐 때나 혹은 빚보증 부탁을 거절하기 어려울 경우 이 방법을 쓰면 그 상황을 잘 모면할 수 있다.

서로 상대방의 이야기가 잘 안 들릴 정도로 시끌시끌한 곳에서, 그저 큰소리로 "죄송합니다" 혹은 "기대에 못 미쳐서 죄송합니다"라고 몇 번 말한 뒤 일방적으로 전화를 끊어버리면 그만이다. 집에서 전화를 해야 할 때는 욕실 안에 샤워기를 틀어놓은 채 이야기를 하는 방법도 있다.

사람을 만날 때도 마찬가지이다. 당신의 뜻에 따라 일을 진행시키고자 한다면 조용한 곳보다는 시끌벅적한 카페나 술집에서 만나는 것이 좋다. 혹은 혼잡한 번화가를 걸어가면서 이야기하는 것도 성공할 확률이 크다. 이는 주변 환경이 어수선하면 깊이 생각할 여유가 없다는 점을 교묘하게 이용한 전략이다. 천천히 생각할 틈을 주지 않기 때문에 상대방의 마음도 그만큼 동요되는 것이다.

실수를
만회하는 법

중요한 모임이나 강연회에 지각을 하고는 다른 유명인의 이름을 들먹이며 변명 아닌 변명을 늘어놓는 사람이 있다.

예를 들어 "집을 막 나서려는데 ○○그룹 ○○○ 회장에게 사업상 전화가 와서 본의 아니게 늦었습니다"는 식이다. 이때 지각한 사람은 강연자이고 게다가 그 강연이 유료라 가정해보자. 이럴 경우, 일반적으로는 강연자가 지각을 한 것에 대해 참가자들이 화를 내고 항의를 해야 정상이다. 그러나 그의 입에서 대기업 회장의 이름이 나오자 "그 유명한 사람이 직접 전화를 하다니, 저 강연자 대단한 사람인가 봐" 하며 연신 감탄을 해댄다. 이는 대기업 회장의 이름이 커다란 후광 효과를 발휘한 케이스다. 뚜렷한 특징을 지닌 후광으로 대상의 본질이 실제보다 더 좋게, 혹은 더 나쁘게 보이는 현상을 말한다.

그중에서도 유명인이나 권력자의 이름을 거론하는 것은 사기꾼은 물론이고 비즈니스 세계에서도 자주 쓰는 수법이다. 꼭 사기꾼이 아니더라도 고객들의 신용을 얻을 목적으로 유명인과 함께 찍은 사진을 자신의 업소에 걸어두는 사람도 많다. 이러한 후광효과는 여러 방면에서 도움이 된다.

A사에 근무하는 정 부장은 매주 월요일마다 열리는 부장회의에 지각을 했다. 회의가 시작된 지 20분이 지나서야 얼굴을 내민 정 부장은 "B사 사장님이 급하게 보자고 하셔서 늦었습니다"라고 말하고는 당당하게 자리로 가 앉았다. B사는 A사의 최대 거래처이다. 'B사 사장님이 직접 연락을 하다니, 정 부장은 B사 사장과 상당한 친분이 있나 보다.' 다른 부장들이 이렇게 상상의 나래를 펴는 사이, 정 부장이 지각한 사실은 어영부영 넘어가고 만다.

참고로 후광효과 역할을 하는 조건은 직책, 학력, 입사 연차, 인맥, 신체적 특징, 복장, 헤어스타일, 특기 등 이루 헤아릴 수 없이 많다. 그러나 당신을 돋보이게 해주는 후광효과의 요소가 없더라도 다른 사람의 이름을 잠시 빌려 당신의 후광효과로 이용하는 방법도 있다.

큰 목소리를
부끄러워하지 마라

폭력과 쩌렁쩌렁 울리는 큰 목소리의 공통점은 둘 다 강하다는 것이다.

실제로 어느 신문에는 국회에서는 목소리 큰 정치가의 의견이 통과된다는 내용의 글이 특정 정치가의 로비의혹 사건 기사와 맞물려 실리기도 했다. 목소리가 크면 억지가 통하고 정의는 사그라지는 것이 이 세상의 상식이요, 자명한 이치이다. 민주주의를 표방하는 정계에서조차 이 모양이니, 사실 우리가 사는 세상에서도 목소리가 크면 무서울 것이 없다.

시험 삼아 한번 해보는 건 어떨까? 항공사 카운터나 백화점 등에서 문제가 발생했을 경우를 떠올려보자. 조용조용하고 차분한 목소리로 논리정연하게 정당성을 주장한들 웬만해서는 잘 들어주지 않는다. 심지어는 "무슨 말씀인 줄은 알겠으나, 규칙이니 어쩔 수 없습니다" 하고 거부당하는 일도 있다.

바로 이럴 때, 180도 돌변하여 쩌렁쩌렁 울리는 큰 목소리를 내면 말이 통할 때가 있다. 언성을 높이고 고함을 지르면 상대방의 태도가 싹 바뀌면서 아마도 당신의 이야기를 잘 들어줄 것이다.

개인이나 기업체나 똑같다. 즉, 얌전한 사람은 아무렇지도 않게 울리면서 완고하고 목소리 큰 사람의 말은 잘 들어준다. 요컨대 이 세상은 불평을 당당하게 말하는 자의 것이다.

만일 당신의 주장대로 설득하고 싶다면 큰 소리로 말하는 것도 한 방법이 될 수 있다. 단, 친한 사람에게 이 수법을 너무 자주 사용하는 것은 좋지 않다. 처음 몇 번은 효과가 있을지 모르나 점차 이에 익숙해지면 당신의 말은 소음으로 들릴 뿐이다.

누구에게나 똑같은 태도로 대하라?
절대 실행에 옮겨서는 안 될 말

일반적으로 사람들은 누구에게나 똑같은 태도로 대하는 것이 좋다고 생각한다. 예를 들어, 우연히 유명인을 접할 기회가 있었다 하자. 그러면 "그 사람은 어깨에 힘주고 다니는 사람이 아니더라. 겸손하고 정중한 말투로 나한테 열심히 하라고 말해줬어"라며 감격하기도 한다. 그러나 이해관계나 득실이 서로 얽히고설킨 실제 사회에서 누구에게나 같은 태도로 대하기란 거의 불가능에 가깝다.

예를 들어, 사장이 사원에게 "굳이 내게 존댓말을 쓰지 않아도 돼. 딱딱한 말투는 그만두게"라고 했다고 해서 "그렇죠? 사장님은 직원들의 마음을 너무 잘 아신다니까" 하고 맞먹으려 든다면 어떨까? 그 조직은 더 이상 제대로 돌아가지 못할 게 눈에 보이듯 뻔하다.

누구에게나 똑같은 태도로 대하라는 말을 정말로 믿어버리면 큰일이다. 특히 세싱 물정 모르는 절부지가 이 말만 믿고 덤볐다가는 후에 엄청난 타격을 받을 것이다. 냉혹한 사회 속에서 꿋꿋하게 살아온 사람이라면 상대방에 따라 태도와 말투를 바꾸는 것은 기본이다.

지루한 이야기도
통하게 하는 법

정론만을 고집하며 밀어붙이는 것도 엄연한 하나의 능력이요, 처세술이다.

평소의 목소리 톤으로 말하면 '저건 당연한 소리잖아'라며 무시당할 테지만, 커다란 목소리로 계속 반복해서 주장하면 신빙성 있는 이야기로 들리기 시작하니 신기할 노릇이다. 어디까지나 정론을 이야기하고 있는 것이므로 상대방도 그것을 인정하지 않을 수 없다. 또한 방법에 따라서 상대방을 감동시킬 수도 있다.

조직의 입장에서도 그렇다. 조직은 언제나 큰 소리로 정론만을 주장하는 단순한 인간일지라도 나름대로 이용가치가 있다고 판단하면 그를 실제 능력 이상의 자리에 발탁하기도 한다. 남들과는 다른 의견을 말하는 것이 개성이며, 그렇게 해야만 자신이 돋보인다고 생각하는 사람이 많지만 정작 중요한 것은 정론이다. 대부분의 사람들은 이른바 겉만 번

지르르한 정론을 좋아하며, 이단적인 의견은 배척하려 하는 습성이 있기 때문이다.

또한 질문에 일일이 답하면서 대응하다 보면 상대방의 페이스에 말려들게 마련이다.

상대방의 말에 절대 귀를 기울이지 않으며, 중간에 상대방이 이야기를 하지 못하도록 미리 손을 쓰는 것도 당신의 생각이나 의견을 관철시키는 하나의 방법이다.

이성을 유혹할 때나 돈을 빌릴 때도 이 방법을 응용할 수 있다. 일단은 그저 쉬지 않고 당신의 의견을 주절주절 늘어놓는다. 그러는 사이 상대방은 점차 지쳐갈 것이다. 그러면 결국에는 사고가 정지하고, 모든 게 다 귀찮아져서 끝내는 "응" 하고 고개를 끄덕일 것이 분명하다.

'사소한 부담'으로
상대를 공략하는 법

영업의 테크닉 가운데 체험 마케팅이라는 것이 있다. 에어컨클리닝 서비스도 그에 속한다.

"무조건 한 대는 무료입니다. 일단 이용해보십시오"라는 서비스가 있다. 에어컨 청소는 손이 많이 가는 귀찮은 일이기 때문에 대부분의 사람들은 무료라는 말에 귀가 금방 솔깃해진다.

그러나 요즘에는 에어컨을 한 대 이상 보유한 가정이 많다. 바로 그 점이 에어컨클리닝 서비스에서 중점을 두고 있는 영업 포인트이다. 한 대를 무료로 서비스 받고 난 뒤, 갑자기 정색하며 나머지는 됐다고 사양할 수도 없는 노릇 아니겠는가.

고객은 무료로 서비스를 해준 상대방에게 왠지 미안한 마음이 들어 결국 돈을 내고 다른 에어컨의 클리닝 서비스도 부탁한다.

당신의 삶에 '악'이 필요할 때

에스테틱이나 다이어트 식품도 이와 같다. '무료체험'이라는 말을 들으면 금방 혹해서 이 전략에 걸려들고 만다.

가령 "체험해보시니 어떠세요? 얼굴이 깨끗해졌어요. 예뻐진 게 느껴지시지요? 지금 저희 회원이 되시면 6개월 코스를 할인받을 수 있습니다. 신용카드 결제나 무이자 할부도 가능합니다"라는 영업사원의 말에, '공짜로 마사지 받은 게 미안하기도 하고, 효과도 있는 것 같으니 큰맘 먹고 신청해볼까' 하는 마음이 드는 것이다.

이처럼 일방적인 제공은 상대방에게 부담감을 안겨준다. 상대방에게 무언가를 제공하여 부담감을 갖게 하는 것도 그 사람을 사로잡는 효과적인 기본 테크닉 가운데 하나이다.

이렇게 '사소한 부담'이 쌓이면 상대방은 한 방에 무너진다.

심층심리에서 말하는 상대방을 사로잡는 방법 가운데 하나가 대인관계 속에서 포인트를 쌓아가는 것이다. 여기서 말하는 포인트는 현금도 좋고, 물건도 좋지만 무엇보다 함께 식사할 때 당신이 계산하는 것이 포인트를 쌓는 가장 간단한 방법이다.

상대가 당신보다 어린 사람이거나 이성일 때는 물론이고 동료나 선배에게도 마찬가지이다. 그러나 포인트를 쌓는답시고 동료나 선배 앞에서 매번 그런 식으로 행동하면 간혹 상대방에게 큰 실례로 비칠 수도 있다. 그런 사태를 피하고 싶으면 적게 나왔을 경우에는 상대방이 내도록 하고, 좀 많이 나왔다 싶으면 당신이 내면 된다.

상대방이 의아해하며, "이 가게, 비싼 곳인데 계산을 같이 해야지.

혼자 다 내면 어떻게 해"라고 하면, "괜찮습니다. 공돈이 좀 생겼거든요. 노력 없이 공짜로 얻은 돈은 혼자서 쓰는 것보다 여럿이서 함께 쓰는 게 좋다고 하잖아요"라는 식으로 적당히 얼버무려버린다.

이런 관계를 쌓아가다 보면 상대방은 자연스레 당신에게 부담감 혹은 미안함을 느껴 당신이 하는 말은 무엇이든 다 들어주게 마련이다.

'작은 포인트라도 무시하지 말고 성실히 차곡차곡 쌓아나가자!'

기회 있을 때마다 차곡차곡 부담 포인트를 모아두면 매우 유용한 호감도 상승 테크닉이 된다.

당신의 삶에 '악'이 필요할 때

상담은 상대가 듣고 싶어 하는 말을 해주는 것

누군가가 당신에게 상담을 요청한다면 그것은 기본적으로 당신이 그 사람에게 신뢰받고 있음을 의미한다. 당연히 그 사람은 당신에게 호감을 갖고 있다. 만일 그 사람이 당신에게 더 깊이 빠지도록 하고 싶다면 이 기회를 놓쳐서는 안 된다. 그러나 그 상담이 무엇에 관한 내용이든지 이야기를 다 들은 후에 그에 딱 맞는 충고나 대답을 내놓기란 여간 어려운 일이 아니다. 그렇다면 이럴 때는 어떻게 해야 할까?

왜 사람은 자신의 이야기를 다른 누군가에게 들려주고 싶어 하는지, 그것에 대해 생각해보면 자연스레 해답을 찾아낼 수 있다.

누군가의 고민을 들어줄 때를 떠올려보자. 이때를 한마디로 표현하자면 '대개는 이미 스스로 대략적인 결론을 내리기는 했지만 과연 그것이 진정 올바른 결정인지 막연한 불안감을 안고 있는 상태'이다. 그래서 누구든 제3자에게 사정을 들려주고 자신의 결정이 옳다는 확답을 받아내어 자신의 생각이나 결론을 정당화하고 싶어 한다. 따라서 상대방이 그런 류의 얘기를 꺼내면, 상대방의 이야기가 마치 자신의 이야기인 것처럼 주의 깊게 들어주는 것이 좋다. 이야기하는 도중에 끼어들어서는 절대 안 되며, 그에 더해 "그건 아닌 것 같은데"와 같이 상대방의 생각을 부정하는 의견도 곤란하다.

이 두 가지만 잘 지켜 상대방의 이야기에 고개를 끄덕이거나 긍정의 표현을 나타내면, 상대방은 스스로 알아서 이야기를 풀어내게 마련이다. 그러면 점차 그의 고민이 무엇인지, 어떻게 하고 싶은지에 관한 것들이 손바닥 들여다보듯 훤히 보이기 시작한다.

예를 들어 부부 관계에 대한 고민 상담을 하는 경우, 상대방이 남편과 헤어지고 싶어 한다는 사실을 알았으면 "헤어지는 게 좋겠어"라고 말하면 된다. 또는 이직에 관한 이야기가 나왔다면, "우선은 지금 다니는 회사를 그만두는 게 좋겠는데" 하고 충고하는 식이다.

상대방은 자신의 결론과 똑같은 대답을 듣고 크게 만족하여 이야기를 들어준 사람에게 고마움을 느낄 것이다. 따라서 상담을 계기로 그 사람을 완전히 당신 편으로 끌어오고 싶다면 상대방이 듣고 싶어 하는 대답을 해주는 것이 좋다.

당신의 삶에 '악'이 필요할 때

약점을 발견하고
꽉 쥐어라

약점을 잡은 후, 그것을 미끼로 상대방을 협박하여 원하는 것을 얻어낸다. 이는 악한 자들이 즐겨 쓰는 수법 가운데 하나이다. 물론 협박은 해서는 안 될 악한 행동임에 틀림없다. 그러나 상대방의 약점을 꽉 쥐고 있다는 사실은 그 자체만으로 상대방을 내 마음대로 움직일 수 있는 강력한 수단이 된다.

여기서 말하는 약점이란 '공금 횡령'이나 '살인'과 같은 거창하고 무시무시한 정보를 뜻하는 것이 아니다. 굳이 표현하자면 심리적 부담감 정도이다.

예를 들면 이런 것이다. 약속 장소에 시간 맞춰 나갔더니 만나기로 약속한 사람이 벌써 나와서 기다리고 있는 것이 아닌가. 보통은 이럴 때 상대방에게 미안한 마음이 든다. 약속 시간에 늦은 것도 아니니 사실 그다지 미안해할 일도 아닌데, 어쩐 일인지 대부분의 사람들은 그런 기분에 휩싸이고 만다.

만일 그것이 일과 관련된 약속이었다면 이는 이후 정신적인 부담이 되어 점점 당사자를 압박해 들어온다. 또한 권력관계에서 상대방이 자신보다 우위를 차지하고 있는 경우라면 더 말할 것도 없다. 혹, 이와 반대로 자신의 지위가 상대방보다 높다 하더라도 상대방이 먼저 와서 자신을 맞이한다면 그로 인해 두 사람의 관계는 곧 대등해지고 만다. 정작 상대방은 그런 생각을 갖고 있지 않다 하더라도 스스로의 피해의식이 사고를 그렇게 몰아간다.

그래서 진정한 전략가 중에는 비록 자기보다 힘없는 사람과의 약속이라 할지라도 약속 시간보다 먼저 가서 기다리는 것이 습관화된 사람도 있다. 뒤늦게 나타난 상대방이 일종의 죄책감을 느끼도록, 일단은 약속 장소에 상대방보다 먼저 도착해 있어야 한다. 그래야 그것을 약점으로 이용할 수 있다.

상대방은 '약속 상대를 기다리게 했다'는 빚이 있기 때문에 협상에서도 소극적인 태도를 취할 수밖에 없다.

거짓말도 당당하게
해야 할 때가 있다

누군가를 사로잡고자 할 때는 거짓말도 훌륭한 도구가 된다. 단, 사소한 거짓말이나 악의 없는 거짓말은 해봐야 아무런 효과도 없다. 작은 거짓말은 누구나 매일같이 일상적으로 한다. 자각하지 못할 뿐, 사람은 하루 평균 수백 번씩의 거짓말을 한다는 사실을 정리한 데이터도 있다.

다른 사람을 매혹시키기 위해서는 누구나 깜짝 놀랄 만한 큰 거짓말이 효과적이다. 때때로 매스컴을 통해 밝혀지는 커다란 사기행각의 진상을 들여다보면 납득이 안 될 때가 있다. 사기꾼이 사람들을 속인 거짓말이라는 것이 별것 아닌 지극히 단순한 거짓말인 경우기 많기 때문이다. 그런데 속는 사람이 있다니, 바보 같다고 비웃을지도 모르지만 오히려 단순하면서도 기상천외한 거짓말이기에 그만큼 더 잘 걸려드는 것이다.

비록 거짓말이라 하더라도 성심성의껏 이야기하면 그 거짓말은 점점 진실성을 띠기 시작한다. 사기 피해자가 "설마 거짓말일 줄은 꿈에도 몰랐다"고 하는 것처럼 거짓말도 진짜같이 하면 진실에 가까워진다.

타고난 사기꾼 가운데는 자신의 거짓말이 진실이라고 믿는 사람이 있는데, 이런 자세는 배워둘 필요가 있다. 사람과 사람의 대화 중에 등장하는 박진감 넘치는 거짓말은 진실과 전혀 다를 바가 없다. 그것이 진실인 듯 온 마음을 다해서 거짓말을 하면 비록 거짓말일지라도 상대방의 마음을 움직일 수가 있다.

거짓말도 자신감 넘치는 태도로 당당하게 이야기하면 곧 진실이 된다. 그리고 그 거짓말이 몇 번씩 반복되는 사이, 그것은 다시 역사적 사실로 둔갑한다. 흠칫흠칫하면서 거짓말을 하기 때문에 속마음을 들키고 마는 것이다. 물론 거짓말로 사람을 함정에 빠뜨린다면 그것은 엄연한 범죄행위이므로 도를 넘지 않도록 주의해야 한다.

당신의 삶에 '악'이 필요할 때

반복의 효과를
노려라

주택 개조, 선물거래, 화장품, 에어컨클리닝, 인터넷 서비스 등 전화나 메일을 통한 영업은 업종을 가리지 않는다.

똑같은 회사의 똑같은 사람이 연락을 해올 때도 있기는 하지만, 개중에는 시도 때도 없이 연일 연락해서 끈질기게 매달리는 사람도 있다. 특히 금융 계통이나 선물거래 같은 업종에서 그런 경향이 크다. 이처럼 단기간에 집중적으로 하는 영업은 분명 '최면효과'를 노리고 있음이 틀림없다.

설득당하고 있는 중에는 동조하지 않아도, 시간이 조금 흐른 뒤에 상대방의 말에 찬동하게 되는 경우가 있다. 이것을 심리학에서는 '최면효과'라 부른다. 이 효과는 자신을 설득하는 상대방을 신뢰하고 있지 않은 경우에 잘 생긴다. 예를 들어, 예고 없이 불쑥 찾아오는 방문판매의 경우가 그렇다.

일반적으로 처음 설득당할 때 그 사람은 상대방에 대한 신뢰감이 전혀 없는 상태이다. 이런 사람을 열심히 설득하려고 하면 오히려 반발심이 일어 경직된 태도를 보인다. 그러나 시간이 지나면 자신을 설득하던 사람의 인상과 그의 의견을 구분해서 생각할 수 있다. 그리고 곧 '그 제품이 의외로 좋을지도 몰라' 하는 생각이 머릿속을 파고든다. 역전현상이 일어나는 것이다. 그 결과, 그 사람은 다시 판매원이 찾아왔을 때 순순히 상품을 구입하기에 이른다.

다른 예를 들자면, 누구나 똑같은 얘기를 몇 번씩 반복해서 들으면, 어느새 '그게 옳은 것'이라는 생각이 자리를 잡기 시작한다.

따라서 누군가를 세뇌시켜 당신에게 맞는 사람으로 만들고 싶다면, 그 사람에게 항상 자신의 의견이나 생각을 반복해서 이야기하고 들려주는 것이 좋다. 한편 당신과 가까운 사람일수록 이를 깨닫지 못하고 쉽게 세뇌당하는 경향이 있다.

오래된 부부가 서로 마음이 잘 맞는 이유는 오랜 세월 동안 자신의 생각을 자연스레 서로의 머릿속에 입력해 넣은 결과라 할 수 있다.

사기꾼에게
속은 척한 할머니

사람이라면 누구나 자신에게 살뜰하게 대하는 사람에게만큼은 약해지기 마련이다.

혼자 사는 할머니에게 어느 날, 할머니의 먼 친척의 손자뻘 된다는 남자가 찾아왔다. 남자는 고향 이야기를 이것저것 들려주었지만 어쩐 일인지 그 이야기는 할머니의 기억에 없었다. 그도 그럴 것이 그 남자는 할머니에게서 돈을 뜯어낼 목적으로 찾아온 사기꾼이었기 때문이다.

이 남자는 때때로 할머니를 찾아와서는 매번 돈을 빌려갔다. 몇 번인가 그런 일이 있은 후, 그 남자는 사기 혐의로 체포되었다. 전에도 같은 수법으로 사기행각을 벌이다 꼬리를 밟힌 것이다.

하지만 그 할머니는 경찰 조사에서 이렇게 말했다.

"가짜라는 걸 알고 있었지만, 그 사람은 내게 싹싹하고 친근하게 말을 걸어주었어요. 생전 얼굴 한번 안 비치는 진짜 혈육들에 비하면 나에게 그렇게 잘해주는 저 아이가 너무 고마워서 속아 넘어가는 척하면서 돈을 내주었습니다.”

그 사람이 악한 사람이건, 교활한 사람이건 그런 것과는 관계없이 사람은 자신에게 잘해주는 사람을 좋아하게 마련이다. 따라서 이를 이용하여 상대방에게 친근하게 다가가 그 사람을 휘어잡는 방법도 있다.

실제로 중소기업 사장 가운데 그런 데에 약한 사람이 있다. 예를 들어, 사장에게 아양을 떨면서 살뜰하게 구는 사람이 있다고 하자. 그런데 그 사람은 가끔씩 나쁜 의도를 품고 회사 자금을 슬쩍 하기도 한다. 사장도 그 사실을 알고 있지만 자신한테 끔찍하게 잘하는 그의 모습이 좋아서 모른 척 가만히 있을 뿐이다. 슬쩍 하는 돈도 회사의 기둥뿌리가 뽑힐 만큼 큰돈은 아니니 눈 딱 감고 그냥 못 본 척 넘어가주는 것이다.

그러나 어쩌면 모른 척 넘어가주다가 심사가 뒤틀리면 횡령 사실을 들추어내어 그를 자기 뜻대로 조종하려는 사장의 속셈인지도 모른다. 따라서 이와 같이 친근하게 다가가는 작전을 사용한다면 너무 지나치지 않도록 항상 주의해야 한다.

약속시간에 늦은 상대를
대하는 법

언젠가 가게에서 주인이 물건을 사는 동안 가게 앞에 줄이 묶인 채 주인이 돌아오기만을 마냥 기다리고 있는 개의 모습을 본 적이 있다. 한 번쯤은 기약 없이 주인을 기다리는 개의 입장도 생각해볼 일이다. 만일 인간에게 몇 시간이고 앉아서 가만히 기다리라고 한다면 아마 다들 중도에 포기하고 말 것이다. 상대가 중요 거래처이건 친구이건, 혹은 애인이건 부인이나 남편이건 간에 대부분의 사람들은 기다리는 것을 상당히 싫어한다. 오랫동안 약속 상대가 나타나지 않으면 안절부절못하며 화를 내기도 한다.

그런데 놀라운 것은 개는 아무리 오랫동안 기다리게 해도 화를 내기는커녕 주인이 돌아오면 크게 기뻐하며 꼬리를 흔들어댄다. 나는 인간도 이 점을 배워야 한다고 생각한다.

이제부터는 아무리 오래 기다렸어도 상대가 나타나면 크게 기뻐하며 반기도록 하자. 당연히 상대방은 당신에게 달려와 미안하다고 사과하고 약속 시간에 늦은 연유를 설명할 것이다. 그러면 그런 그에게 "괜찮아, 잘 왔어"라고 말하며 연신 싱글벙글 웃어준다.

상대방은 아마도 자기 때문에 한참을 기다렸을 텐데, 이렇게나 자신을 좋아해주고 환영해주는 모습을 보고는 분명 "참 마음이 넓은 사람이구나", "이렇게 착한 사람은 아마 없을 거야", "나를 이렇게까지 기다리고 있었구나" 하며 아주 좋게 해석할 것이다.

개중에는 크게 감동하는 사람도 있을 것이다. 상대방이 이성이라면 이 일을 계기로 그 사람의 마음을 사로잡을 수 있을지도 모른다.

한편 업무 관계로 만난 사람일 경우, 약속 시간에 늦었다는 것만으로도 송구스러운 마당에 추궁을 하기는커녕, 고생했다며 반가워하면 상대방은 이에 큰 부담을 느낄 수밖에 없다. 결과적으로 상대방을 휘어잡을 수 있는 절호의 찬스가 되기도 한다.

다른 사람의 의견에 귀를 기울여라?
자기 자신을 잃기 쉽다

회사 동료들이 한데 모인 술자리에서의 대화를 떠올려보자. 제각기 의견을 말하기에 바빠 다른 사람의 이야기는 안중에도 없다. 그렇지만 신기하게도 '오늘 부서 동료들 간에 커뮤니케이션이 이루어져서 참 좋았다'고 만족을 느끼는 사람들이 있다.

다른 사람의 의견에 귀를 기울이지 않아도 일하는 데는 아무 지장 없으며, 세상 또한 변함없이 잘 돌아간다. 무엇보다 먼저 짚고 넘어가야 할 것은 다른 사람의 의견이라고 해서 그것들이 모두 훌륭하고 뛰어난 것은 아니라는 점이다. 보통은 그다지 큰 의미를 지니지 않는 것들이 대부분이다. 따라서 무엇이 됐든 확고한 신념을 가지고 그에 매진하고자 결심했다면, 그때부터는 타인의 의견에 일체 귀를 기울이지 않는 것도 한 방법이다.

현실 속에서는 다른 사람의 의견에 지나치게 의존한 나머지 판단이 흐려져 착오를 일으키는 경우가 많다. 다른 사람의 이야기를 주의 깊게 들으려 하는 자세는 물론 필요하다. 그러나 이에 그치지 않고 스스로 생각하여 판단하는 능력도 함께 갖추었을 때야말로 비로소 진정한 현자로 거듭나는 것이 아닐까.

저…
고민이 있는데요

그다지 친하지 않은 사람에게 개인적인 고민을 털어놓으면 그 일을 계기로 급속히 친해지는 경우가 있다.

고민을 털어놓는 것도 자기를 오픈하는 방법의 하나이다. 상대방에게 고민을 이야기하면, 그는 마치 자신이 두터운 신뢰를 받고 있는 듯한 착각에 빠진다. 이때는 이야기만 털어놓는 선에서 끝내는 것이 좋다. 예를 들어, 일이나 이성문제, 가정 문제 등에 관해 마치 저도 모르게 이야기가 튀어나온 것처럼 말이다.

그러고 나서 이렇게 이야기한다.

"제 개인적인 얘기를 너무 많이 했군요. 죄송합니다. 그런데 이런 얘기를 왜 당신에게 한 걸까요. 지금까지 이런 적은 한 번도 없었는데…."

이 말을 들은 상대방은 '내가 유일한 존재'라는 우월감과 함께 '그렇게 중요한 이야기를 나에게 해줬다'고 하는 신뢰감을 품기 시작한다. 그

러고는 당신이 자신에게 호감을 갖고 있다고 멋대로 해석해버린다.

어쨌든 상대방에게 자신의 고민을 털어놓거나 상담을 요청하는 것은 상대방을 사로잡기 위한 하나의 도구가 된다. 따라서 상대방을 당신 편으로 만드는 방법을 아직 찾지 못했다면, 혹은 상대방이 당신의 말에 순종하도록 만들고 싶다면 고민 상담을 계기로 접근하면 어떨까? 상담하는 내용은 무엇이든 상관없다. 고민 상담의 요청을 거절하는 사람은 아마 없을 것이다. 이 방법을 사용하여 의외의 효과를 거둬보자.

자기도 모르게 더 큰 것을
내놓게 하는 법

환상적인 피부로 만들어준다는 말에 속아 엄청 비싼 화장품을 사고 만 사람이 있는가 하면, 이상한 부동산 컨설팅 회사에 속아 아무 쓸모없는 산골짜기의 땅을 고가로 구입하고 만 사람도 있다. 이렇게 거의 사기에 가까운 상술에 넘어간 사람들이 우리 주변에 즐비하다. 왜 그런 바보 같은 계약을 하고 말았을까?

상대는 소비자의 심리를 교묘하게 이용하는 모든 심리 테크닉을 구사하는 프로다. 그런 프로들의 테크닉 가운데 '풋 인 더 도어(Foot in the door)'라는 게 있다. 세일즈맨이 구사하는 고전적인 수법인데, 일단 자그만 요구를 받아들이게 한 다음 슬그머니 큰 건에 대해 고개를 끄덕이게 만드는 것이다. '풋 인 더 도어'란 일단 발부터 집어넣는다는 말이다. 조그만 것을 받아들인 소비자는 조금만 더 세차게 공략해 들어가면 큰 것도 받아들이게 마련이다.

길거리에서, 전화나 메일로, 또는 가정을 직접 방문하여 간단한 앙케트 조사를 한다. 상대가 조사에 응해 대답을 하면, 조금 더 깊이 파고든다. 처음 대답을 받아내는 게 어렵지 그다음은 문제도 아니다.

물론 세일즈맨의 최종 목표는 상품을 파는 것이다. 그 목적을 달성하려면 먼저 소비자로 하여금 조그만 일에 고개를 끄덕이게 만들어놓고, 점점 레벨을 높여 마침내 계약을 체결하는 단계로 나아가야 한다. 소비자란 참으로 묘한 존재다. 뭔가 이상하다, 속는 것 같다는 생각을 하면서도 계약서에 사인을 하고 만다.

이러한 인간 심리는 프리드만과 프레이저의 심리 실험에서도 확인된 바 있다. 주부 156명을 대상으로 5~6명의 남자 조사원이 가정을 방문하여 두 시간에 걸쳐 그 집에서 사용하고 있는 물품을 조사하고 분류하는 실험이다. 피실험자들에게는 참으로 귀찮은 일이 아닐 수 없다. 그런 귀찮은 요구를 할 때 다음 네 가지 방법을 사용했다.

① 먼저 전화를 걸어 "소비자에게 보여줄 팸플릿을 제작하기 위해 가정에서 사용하는 용품을 조사할 생각인데 협력해주시겠습니까?"라고 묻는다. 승낙한 주부에게는 비누에 대해 간단한 질문을 한다. 그리고 3일 후에 5~6명의 남자가 가정을 방문해 조사하고 싶다는 뜻을 전한다.

② 전화로 ①과 같은 요청을 하고, 비누에 대해서는 묻지 않는다. 그리고 3일 후에 5~6명의 남자가 방문해 조사할 것이라고 말한다.

③ 자신들이 소비자용 팸플릿을 제작하려 한다고만 전하고, 비누에 대해서는 묻지 않는다. 다만, 전화로 이야기하는 시간을 더 늘린다. 3일 후 남자들이 방문해도 좋은지 묻는다.

④ 처음 전화를 걸 때부터 남자들이 집을 방문하여 물품을 분류하고 조사할 것이라고 말한다.

이와 같은 네 가지 패턴에 대해 주부들이 어떤 반응을 보이는지 조사했다. 그 결과, 비누에 관한 질문에 대답한 주부가 3일 후의 더 큰 요구에 응할 확률이 가장 높았고, 전체의 52퍼센트가 승낙했다. 협조를 요청하면서 비누에 대해 질문하지 않은 ②의 경우에는 승낙률이 33.3퍼센트, ③의 자기소개만 한 경우는 27.3퍼센트, 갑작스럽게 부담스런 요구를 한 ④의 경우는 22.2퍼센트가 승낙했다.

처음에 작은 요구를 받아들인 주부일수록 나중에 더 큰 요구를 받아들이기 쉽다는 것을 알 수 있다.

결론적으로 말해, 상대가 귀찮아할지도 모를 요구를 하기 전에 아주 간단한 부탁을 해서 승낙을 받아두면 그 뒤가 훨씬 좋다는 것이다. 남에게 뭔가를 부탁할 때는 서두르지 말고 돌아서 들어가는 방법이 더 효과적이라는 결론을 내릴 수 있다.

당신의 삶에 '악'이 필요할 때

내키지 않는 제안을
받아들이게 하는 법

세상에는 누구라도 하기 싫은 일이 있다. 학교 도서위원, 회사의 워크숍 총무 같은 것들이다. 시간을 들여야 하고 귀찮은 잡무를 해야 하는데다, 무슨 일이라도 생기면 책임까지 져야 한다. 그래서 다들 손사래를 치며 사양한다.

그런 일을 억지로 떠맡기면 오히려 역효과만 날 뿐이다. 억지로 밀어붙일수록 상대는 아이가 아프다, 시어머니 생신이다, 남편의 회사가 어려워졌다는 등 온갖 핑계를 댄다.

그럴 때 현명한 사람은 절대로 억지를 부리지 않는다. 상대가 스스로 선택하게 만들이버린다.

"그럼 나중에 연락할 테니 한번 생각해봐 주세요."

그런 말로 여운을 남긴 채 얌전하게 물러난다. 언뜻 보기에는 상대에게 핑곗거리를 만들 시간을 준 것 같지만, 사실은 정반대다. 이렇게 하면 오히려 상대의 승낙을 받아낼 확률이 높아진다.

인간이란 시간이 많을수록 어떤 요구에 대해 긍정적으로 검토할 가능성이 높다. 이것은 기억의 메커니즘과 관계가 있어서, 인간은 뭔가를 기억할 때 그것이 좋으냐 싫으냐를 기준으로 분류하는 버릇이 있다. 뇌 속에 저장되는 기억은 늘 그런 분류 작업을 거치게 되어 있다.

그러나 한편으로 인간 심리는 컴퓨터처럼 이진법을 구사하지 않는다. 대부분의 일에는 좋은 부분과 싫은 부분이 있다. 설령 자신에게는 무리라는 생각을 하면서도, 도서관에서 봉사활동을 하면 자신에 대한 남들의 인식이나 이미지가 좋아질 것이라는 계산 때문에 매력을 느낀다.

'선생님과 친해지면 아이에게 유리할지도 몰라', '친구가 많이 생길지도 몰라', '내가 거절하면 아이가 곤란해질 수도 있을 거야' 그런 생각도 한다. 물론 한편으로는 시간을 투자해야 하고 성가신 잡무도 해야 하고 경우에 따라 일이 생기면 책임까지 져야 한다는 부정적인 판단도 한다.

그때 충분히 판단할 시간을 주면 뇌는 주어진 문제를 좀 더 세심하게 분류, 정리하게 되는데 그럴수록 싫은 부분의 힘이 조금씩 약해져 간다. 다시 말해 상대에게 판단을 내릴 충분한 시간을 주면 줄수록, 그 일에 대해 좋은 인상의 힘이 강해져 그대로 받아들일 가능성이 높아지는 것이다.

그러므로 상대가 조금이라도 긍정적으로 검토할 수 있게 결단을 내리기까지 충분한 시간을 주어야 한다. 당연히 상대의 마음이 긍정적인 방향으로 움직일 확률을 높이기 위해서다.

당신의 삶에 '악'이 필요할 때

비바람이 몰아치는
날씨를 이용하라

오늘은 비가 오니까 일할 기분이 안 난다고 회사에 안 가면 어떻게 될까? 당연히 해고다. 비가 오나 눈이 오나 바람이 부나, 무조건 출근해서 일을 해야 하는 것이 회사원의 숙명이다.

그렇지만 세상에는 비 내리는 우중충한 날이면 능률이 떨어지는 일도 있다. 예를 들면, 거리로 나가 지나가는 사람들을 붙들고 해야 하는 앙케트 같은 것이 그렇다. 비가 칙칙하게 내리는데 앙케트에 응해달라고 하면 누가 좋아할까.

미국의 심리학자 커닝햄은 이런 실험을 했다. 날씨에 따라 바깥에서 상대에게 어떤 요구를 했을 때, 얼마나 승낙해주느냐는 조사였다. 그 결과, 계절이나 날씨에 따라 큰 차이가 났다.

맑은 여름에는 승낙률이 높았는데, 특히 기압이 높고 바람 부는 날일수록 확률이 높았다. 한편, 날씨는 맑아도 기온이 너무 높거나 습도가 높은 날에는 승낙률이 떨어졌다. 겨울에는 맑고 기온이 높은 날일수록 승낙률이 높았다.

그 반대로 습도가 높고 바람이 심한 날, 그리고 만월일 때일수록 승낙률이 떨어졌다. 이것은 바깥에서 낯선 사람에게 뭔가를 부탁할 경우이다. 물론, 상대가 다르면 양상도 달라질 것이다. 이런 조사 결과를 믿고 무조건 곧이곧대로 따라서는 안 된다. 세상사는 늘 응용이 따라야 한다.

이를테면, 친한 사람에게 돈을 빌리거나 어려운 부탁을 할 때, 의도적으로 날씨가 나쁜 날을 고르는 것도 하나의 방법이 될 수 있을 것이다. 반드시 거래를 성사시켜야 하거나 급히 돈이 필요할 때는 맑은 날보다는 비가 내리거나 바람이 심한 날이 좋다.

'이런 날씨에도 일부러 찾아와 부탁하다니…' 하며 정말 딱하다는 생각을 하지 않을까. 이런 악조건에서도 반드시 당신을 만나야 할 필요가 있었다는 절박한 느낌을 전할 수 있다. 상대의 정과 감정에 호소하는 것이다.

당신의 삶에 '악'이 필요할 때

약간의 친절이
불러오는 나비효과

상대에게 약간의 친절을 베푼 다음, 그것을 빌미로 삼아 큰 요구를 하면 잘 통한다는 심리 실험이 있다.

리건이란 사람이 이런 실험을 했다. 두 사람씩 짝을 지어 그림을 보며 걸어가게 한다. 한 사람은 조수이고 다른 한 사람은 피실험자이다. 이 짝을 두 가지 타입으로 구분한다. 한 짝은 쉬는 시간에 콜라를 사와 상대에게 준다. 다른 한 짝은 콜라를 사지 않는다.

그림을 다 본 다음 피실험자에게 복권이 달린 티켓을 좀 사주지 않겠냐고 부탁한다. 그 결과, 콜라 대접을 받은 피실험자 쪽이 다른 쪽보다 티켓을 두 배는 더 샀다. 콜라 대접이라는 참으로 사소한 서비스가 티켓 구매로 이어진 것이다.

이러한 인간 심리를 '보답의 룰'이라 한다. 인간이란 다른 사람에게 뭔가를 받으면 돌려주고 싶어 한다.

예를 들면, 발렌타인데이나 생일에 보험 설계사가 초콜릿을 보낸다. 그 보답으로 보험을 들어달라는 것이 그의 숨은 전략이다. 생일이 되면 쇼핑몰, 카드회사 등에서 축하 메시지가 마구 날아오는 것도 이런 심리를 이용하기 위한 것이다.

기회가 있을 때마다 상대에게 약간의 친절을 베풀어놓으면, 그 후에 무언가를 부탁하기가 쉽기 때문이다.

당신의 삶에 '악'이 필요할 때

결정장애를
해결하는 법

백화점의 신사복 코너에는 여자와 함께 온 남자가 많다. 자신의 눈으로는 결정하기가 힘들어 여자에게 봐달라고 하는 것이다. 이때 커플의 행동 패턴은 크게 두 가지로 나뉜다. 하나는 둘이서 열심히 살펴보다가 결국 결단을 못 내리는 커플. 또 하나는 금방 마음에 드는 옷을 골라 사버리는 커플.

주저하는 커플을 살펴보면, 여자가 하나를 골라 제시하면 남자는 좋은지 나쁜지 확실한 의사 표현을 못하고 우물쭈물한다. 여자가 다른 옷을 보여주어도 눈을 멀뚱하게 뜬 채 말이 없다. 그러다가 결국 아무 결정도 못 내리고 그냥 매장을 나서고 만다.

한편 금방 결정하는 커플을 살펴보면, 여자가 두세 가지 옷을 골라 제시하면서 어느 쪽이 좋은 것 같으냐고 묻는다.

"파랑과 빨강, 어느 쪽이 좋아?"

"칼라 스타일이 어느 게 좋아 보여?"

그런 식으로 선택의 조건을 점점 줄여서 마지막으로 두 개를 제시하고 어느 쪽이 좋으냐고 묻는다. 곧 결정이 내려지고 두 사람은 만족스런 표정으로 매장을 나선다.

명확한 선택지를 제시하고, 그 가운데서 하나를 고르게 하는 것이 우유부단한 사람으로부터 신속한 의사결정을 이끌어내는 가장 효과적인 방법이다. 우유부단한 사람에게 뭔가를 결정하게 할 때는 무엇을 선택하겠느냐고 무작정 물을 게 아니라 "A와 B, 어느 것이 좋습니까?"라고 물어야 한다.

여기에 하나의 심리 테크닉이 감추어져 있다. 가령 이런 방법으로 양복을 선택한 남자는 스스로 선택했다고 생각한다. '여자가 정해주었다'가 아니라 '내가 양복을 선택했다'라는 기분을 갖는다. 양자택일 방식은 이렇게 스스로 결정했다는 착각을 하게 만든다. 상대의 자존심을 세워주므로 참으로 바람직한 방법이다.

숙련된 판매원은 자주 이런 테크닉을 구사한다. 판매원이 물건 하나를 집어 들고 이게 잘 어울린다고 내밀면, 고객은 강요당하는 것 같은 느낌에 사로잡힌다. 그런데 "A와 B, 어느 쪽이 좋습니까?"라고 물어서 결정하게 하면, 고객은 스스로 결정한 것 같은 착각에 빠져 기분 좋게 물건을 사게 된다.

당신의 삶에 '악'이 필요할 때

권위를 내세워야
할 때도 있다

'권위를 내세운다'고 하면 보통 나쁜 일이라고 생각한다. 아버지는 대단한 사람이니까, 일류대학을 나왔으니까, 하고 말하면 다들 눈살을 찌푸린다. 여기서 말하는 권위는 그런 것과는 조금 성격이 다르다.

가령 선물을 사러 온 고객에게 내세우는 권위는 이런 것이어야 한다.

"이 상품이 최고로 잘 나갑니다"보다는 "인터넷으로 조사한 올해의 예상 트렌드를 보면", "하버드대학 A교수의 이론에 따르면" 하는 식의 권위를 내세우는 편이 고객을 설득하기 쉽다. 친구와 술자리에서 정치 토론을 벌일 때도 "지금 정책으로는 불황을 극복할 수 없어"라고 해봐야 상대는 눈도 깜짝 않는다. 그러나 "경제부총리의 말로는"라는 식으로 권위 있는 사람의 말을 인용하면 설득력을 발휘한다. '자식, 아는 척하기는' 하고 내심 못마땅해하면서도 상대는 감히 그 권위에 도전하지 못한다.

이런 효과를 증명해주는 다음과 같은 실험이 있다. 심리학자 아론슨은 학생들에게 아마추어가 지은 말도 안 되는 시를 읽게 했다. 그런 다음 학생을 두 그룹으로 나누어, 한쪽에는 영국의 유명한 시인 T. S. 엘리엇이 쓴 평론을, 다른 한쪽에는 학생이 쓴 평론을 읽게 했다. 단, T. S. 엘리엇이 썼다는 평론도 거짓말이다.

그 내용은 시를 높이 평가하는 것과 시를 혹평하는 것으로 정반대이다. 그 두 글을 학생에게 읽히고, 엉터리 시에 대한 감상을 묻는 실험이다.

효과는 예상대로 엘리엇이 썼다는 평론을 읽은 학생들은 그 시를 좋게 보았다. 설령, 처음 시를 읽었을 때 나쁜 인상을 받았다 하더라도 엘리엇이란 권위가 내린 평가를 읽고 자신의 생각을 바꾸어버리는 것이다.

이러한 인간 심리를 알아두면 논쟁에서 쉽게 이길 수 있다. 상대가 존경하는 권위 있는 사람의 말이나 이론을 적절한 때에 내세워, "그 사람이 이런 말을 했는데"라고 하면 그만이다. 그것이 상대도 인정하는 권위자의 말일수록 상대에게 끼치는 영향력은 크다. 처음에는 반대의 견을 가지고 있다가도 그런 권위 앞에서는 그만 자신감을 잃고, 상대의 의견을 받아들이고 만다.

처음 출전하는 선수가
불리하다

올림픽 체조경기를 보면 처음 연기하는 선수가 좋은 점수를 받는 경우는 거의 없다. 해설자도 처음 연기하는 선수가 불리하다고 말한다.

이것은 첫 선수의 연기가 그 시합의 판단 기준이 되기 때문이다.

심판은 첫 선수의 연기를 기준에 두고 그 다음 선수들의 연기를 판단한다. 그러다 보면 첫 선수의 인상은 점점 옅어지고, 뒤 선수의 인상은 점점 강해진다. 실제로 같은 연기를 했다 해도 첫 선수보다는 후반부의 선수 쪽이 더 잘한 느낌을 주어 좋은 점수를 받는다.

회의도 이와 같다. 회의에서 마지막으로 발언한 사람의 의견이 지지를 받기 쉽다.

미국의 심리학자 N. H. 앤더슨은 이런 실험을 했다.

어떤 사건을 소재로 모의재판을 열어, 증언의 순서에 따라 배심원의 판단에 어떤 변화가 나타나는지를 조사하는 실험이다. 그 실험은 변호인 측에서 6명, 검사 측에서 6명의 증인이 나오고 공정을 기하기 위해 문장의 길이도 똑같이 맞추었다. 그런 다음 증언을 두 가지 방식으로 나누어 각기 다른 배심원에게 들려주었다.

하나는 변호인 측에서 두 사람의 증인을 내고, 다음으로 검사 측에서 두 명의 증인을 냈다. 그 후 다시 변호인 측에서 두 사람의 증인을 내는 식으로 두 사람씩 번갈아 증언을 했다.

또 하나는, 한쪽에서 6명의 증인을 한꺼번에 세운 다음, 이어서 반대 측의 증인 6명을 세워 증언을 하게 했다.

그 결과 배심원들은 나중에 증인을 내세운 쪽의 손을 들어주었다. 즉, 최후에 나온 의견일수록 듣는 사람에게 깊은 인상을 남겨 지지를 끌어낼 수 있었던 것이다.

마찬가지로, 회의에서도 최초에 나온 의견이 지지받기란 힘들다. 자신의 의견을 관철하고 싶을 때는 끝까지 참다가 마지막에 발언하는 게 좋다. 그러면 참가자들이 찬성하고 지지해줄 가능성이 높아진다.

당신의 삶에 '악'이 필요할 때

교섭의 프로도
피하지 못한 마감 기한

여러분도 마감의 심리 효과를 경험해본 적이 있을 것이다.

학생 시절의 시험이 좋은 예가 된다. 평소에는 책상 앞에 잘 앉지 않는 학생도 시험 전날에는 책상에 달라붙어 힘껏 공부한다. 놀기만 하던 대학생도 올해 힘을 내지 않으면 졸업할 수 없다는 걸 알면 머리를 싸매고 공부한다.

이런 마감의 심리를 잘만 이용하면 상대의 마음에 족쇄를 채워 마음 먹은 대로 움직일 수 있다.

예를 들면, 우유부단한 상사가 있어서 거래처의 조건을 좀처럼 받아들이지 않는다. 몇 번이나 교섭을 거듭하다 보면 상대도 짜증을 내기 시작한다. 교섭이 늦어지면 회사가 손해를 보고, 교섭에 나선 당사자는 능력을 의심받게 된다.

그럴 때 상사에게 "그쪽 윗사람이 장기출장을 가기 때문에 내일까지 반드시 결정을 내려야 합니다"라고 해둔다. 그러면 결정을 미루던 상사도 어떤 식으로든 결론을 내린다.

그 반대로 상대 쪽의 마감 기일을 알면 그걸 이용하여 상대의 결단을 이끌어낼 수 있다. 이런 심리 테크닉을 활용한 유명한 이야기가 있다. 어떤 기업이 미국에서 교섭 잘하기로 유명한 코헨에게 써먹은 수법이다.

코헨이 미국 기업의 대리인 자격으로 교섭을 하러 왔다. 코헨을 마중나간 A사의 사원은 고급 승용차로 그를 호텔까지 태우고 갔다. 그때 "출국하실 때도 공항까지 모시겠습니다. 언제 돌아가실 예정이신지요?" 하고 물었다. 코헨은 별 의심 없이 돌아갈 날짜를 가르쳐주었다. 그 '마감 시간'을 가르쳐줌으로써 교섭의 대가인 코헨은 궁지에 몰리고 만다.

코헨의 귀국 비행기 편은 2주일 후였다. 그때부터 그 기업은 코헨을 관광지로 데리고 다니면서 접대했다. 그러는 사이에 교섭 시간은 점점 줄어들었다. 처음에는 좋아하던 코헨도 점점 초조해하기 시작했다. 2주일 내로 결론을 내리지 않으면 안 되는데 도무지 이 사람들은 교섭할 생각도 않는다.

이윽고 교섭이 시작된 것은 코헨이 귀국하기 이틀 전이었다. 코헨은 미국 측의 조건을 내밀었지만, 그날도 곧 저녁식사가 시작되어 이야기를 오래 하지 못했다. 다음 날도 그냥 접대만 계속되었다.

본격적인 교섭이 시작된 것은 귀국하는 바로 그날이었다. 코헨은 비

당신의 삶에 '악'이 필요할 때

행기 시간에 쫓기면서 교섭에 임했지만, 이야기가 정리되기도 전에 벌써 공항으로 갈 시간이 되었다. 결국 코헨은 차 안에서 마지막 교섭을 하는 신세가 되었다.

그런 바쁜 상황에서는 아무리 코헨이라도 자기 페이스로 대화를 진행시킬 수 없다. 결국 그 교섭은 A사의 승리로 끝났다. 코헨의 '마감 시간'을 미리 알아두었기에 거둘 수 있었던 승리였다. 이처럼 마감의 효과는 교섭의 프로조차 흔들어버린다.

가벼운 협박이
가장 효과적이다

어머니는 아이를 가르칠 때 "이걸 안 하면 …가 된다"라는 말을 잘한다. 예를 들면, "배를 내놓고 자면 배탈이 나", "군것질하면 이가 다 썩어버릴 거야"라는 식의 어투이다.

이런 방식은 일단은 효과를 거둔다. 실제로 아이는 어머니의 그런 협박이 무서워 배를 덮는 시늉을 하고, 이제부터는 군것질 안 하겠다고 한다. 그러나 아이가 자신이 약속한 일을 잘 지키느냐 하면 그렇지 않다. 언제 그런 일이 있었느냐는 식이다.

제니스와 페슈바흐가 이런 실험을 했다. 고등학생을 대상으로 구강 위생에 대한 강의를 한다. 학생을 세 그룹으로 나누어 첫 번째 그룹에게 이를 잘 닦지 않으면 어떤 나쁜 현상이 일어나는지를 가능한 한 공포 분위기를 조성하며 말한다. 충치나 치조농루에 걸리면 무척 아프고, 경우에 따라서는 암으로 발전된다는 슬라이드 사진을 보여주기도 한다.

당신의 삶에 '악'이 필요할 때

두 번째 그룹에게도 이를 잘 닦지 않거나 입안이 더러우면 어떤 병에 걸리는지를 말한다. 다만, 이 경우는 그리 공포 분위기를 조성하지 않는다. 가벼운 증상의 사진을 보여준다.

세 번째 그룹에게는 이를 잘 닦지 않으면 충치에 걸린다는 설명을 해준다.

강의 직후 조사를 해보니 첫 번째 그룹은 42퍼센트, 두 번째 그룹은 26퍼센트, 세 번째 그룹은 24퍼센트가 자신의 이에 대해 불안을 느꼈다.

이 데이터만 본다면 강하게 협박하는 쪽이 효과적으로 보이지만, 그 후에 다시 조사해본 결과 그 양상은 완전히 달랐다. 실제로 치과에 갔느냐고 물어보았더니 예스라는 대답을 한 사람이, 가장 가볍게 설명한 세 번째 그룹이 36퍼센트로 가장 많았다. 그다음이 두 번째 그룹으로 22퍼센트, 협박을 당한 첫 번째 그룹은 고작 8퍼센트에 지나지 않았다.

요컨대, 사람을 공포로 움직이려 하면 당장은 효과를 보지만 결국은 역효과를 낸다. 가볍게 협박하는 것이 실제 행동으로 나타날 가능성이 가장 높다. 아이에게는 "배를 내놓고 자면 화장실을 자주 가게 될 수도 있어"라는 정도로 해두는 것이 가장 좋다.

warning!

누구나 한번쯤 들어본 조언의 함정

얘기를 들어보면 알 거야?
사실 아무런 문제도 해결되지 않는다

"들어보면 알 거다"라는 말은 많은 사람들이 위급 상황에 자주 사용하는 문구이다. 그런데 이 말을 꺼내는 사람은 정말로 그렇게 생각하고 있는 걸까? 아마 대부분은 그렇지 않을 것이다. 일단은 급한 대로 폭력이나 공격으로부터 자신을 보호하기 위해 내뱉는 말에 지나지 않는다.

일반적으로 서로 아무리 많은 이야기를 주고받는다 해도 상대방을 완벽하게 이해하기란 불가능하다. 아니 그보다는 대부분의 경우 타인에 대해 그렇게 깊이 있게 알려고 들지 않는다. 이는 사람들 사이에서 문제가 발생하는 원인에 대해 생각해보면 금방 알 수 있다. 문제가 생기는 원인은 서로 상대방을 내 뜻대로 하고 싶은데 말처럼 쉽지 않기 때문이다. 그 뜻이 상대방에게 통하지 않는 이상, 그 사람을 납득시키기란 불가능하다.

만일 "내 얘길 들어보면 알 거야" 하는 말에 상대방이 "알았어" 하고 완전히 이해해준다면 그것은 한쪽이 양보해줌으로써 얻은 타협점이라 할 수 있다.

오늘부터
나도
넌씨눈이다.

chapter 2

싸우고 나서
뒤늦게 할 말이
생각나는 당신에게

이런 건 꼭 자기 전에
생각나더라

상대를 당신 편으로
만드는 핵심 기술

상대를 자신의 페이스에 말려들게 하는 기술은 여러 가지가 있지만 그 중 가장 강력한 무기는 바로 말이다. 사람은 누군가를 무시하고 경멸하거나 혹은 함부로 대할 때도 주로 말이라는 도구를 이용한다. 인간관계 속에서 말이 차지하는 의미와 중요성에 둔감한 사람은 푸대접을 받는 경우가 많다. 화술이 뛰어난 사람은 주변 사람들의 호감을 사고 그렇지 않은 사람은 소외당한다. 이는 불변의 진리이다. 다른 사람을 당신 편으로 만들 것인가, 아니면 상대방의 뇌리에 안 좋은 이미지만 남길 것인가. 이는 말 한마디에 달려 있다 해도 과언이 아니다.

말로써 상대방을 당신 편으로 만드는 기술, 그 핵심은 바로 칭찬에 있다.

기본적으로 좋은 얘기를 듣고 기분 나빠하거나 상대방에게 반감이나 적의를 품는 사람은 없다. 인간이라면 누구나 자신에게 좋은 이야기를 해준 사람에게 호감을 갖게 마련이다.

감정의 동물인 인간의 애달픈 욕구, 그것은 '인정받고 싶다', '좋은 평가를 받고 싶다'로 집약된다. 이 욕구가 기저에 깔려 있는 한, 사람들은 다른 사람의 입에서 칭찬의 말이 나오길 기대한다.

소설 『톰 소여의 모험』과 『허클베리 핀의 모험』으로 유명한 미국의 작가 마크 트웨인은 "칭찬을 한 번 들으면 두 달은 즐겁다"고 했다. 제아무리 고매한 인격의 소유자라 해도 칭찬받고 싶은 욕구에서 벗어날 수는 없다.

프랑스 혁명의 영웅인 나폴레옹은 입에 발린 소리를 싫어하기로 유명했다. 그런데 그런 그조차도 누군가가 "폐하는 감언이설을 싫어하신다"는 얘기를 하면 곧바로 표정이 부드러워졌다고 한다. 감언이설을 싫어한다는 특성을 역으로 이용한 훌륭한 칭찬이 아닐 수 없다.

상대를 당신 편으로 만들기 위해서는 인간관계에 있어 약점이라고도 할 수 있는 이 치명적인 욕구를 충분히 활용해야 한다. 누구나 칭찬을 받으면 자신을 칭찬해준 상대방에게 호의를 갖는다. 바로 이것이 사람을 조종하는 기본 철칙이며 첫걸음인 것이다.

말이 가진
힘을 활용하라

매일 밤마다 잠자리에 들기 전에 "억만장자가 되게 해주세요"라고 무작정 소리내어 기도하던 한 소년이 나중에 정말로 억만장자가 되었다는 이야기가 있다. 이와는 정반대로 만나는 사람들마다 "안색이 나쁘다"는 이야기를 들은 사람이 정말로 병에 걸린 예도 있다.

　말이란 거듭 반복할수록 점점 실체화된다. 이러한 말의 능력을 활용하기로 마음먹었다면 당신의 페이스로 이끌고 싶은 상대방을 계속해서 칭찬하고 또 칭찬하자.

　칭찬을 들으면 누구나 처음에는 입에 발린 말이라 생각하지만 계속 듣다 보면 점차 그것을 진실로 받아들이게 마련이다. 즉, 실체가 없는 칭찬이라도 몇 번이고 거듭되면 상대방이 그 말대로 움직이고 그에 따라 칭찬은 진실로 탈바꿈한다.

　말에는 이와 같은 마력이 있어서 칭찬의 말로 인해 실제 이상의 능력을 지니는 예가 적지 않다. 칭찬의 쾌감에 한번 발을 담근 이상 다시는 그 발을 뺄 수 없음을 명심해야 한다. 칭찬을 들었던 상대방은 마치 간식을 기다리는 강아지처럼, 그저 칭찬받고 싶다는 생각에 적극적으로 당신에게 다가올 것이다. 이렇게 되면 게임오버. 이제 느긋하게 시간을 두고 상대방을 향해서 천천히 작전을 펴나가는 일만 남았다.

싸우고 나서 뒤늦게 할 말이 생각나는 당신에게

칭찬에도
때가 있다

개를 훈련시킬 때는 칭찬이건 꾸중이건 그때그때 즉시 실시하지 않으면 아무런 의미가 없다.

예를 들어, 당신의 개가 훈련에 성공하면 그 자리에서 큰 소리로 칭찬하고 머리를 쓰다듬어준다. 칭찬하고 있다는 사실을 구체적으로 인지시키기 위해 먹이를 주기도 한다. 이처럼 그 자리에서 즉시 칭찬을 해주면 개는 자신의 행위와 칭찬 간의 인과관계에 대해 확실히 인식하게 된다. 그러나 만약 다음 날이 되어서야 뒤늦은 칭찬을 한다면 개는 무슨 영문인지 도통 이해를 못할 것이다.

중요한 것은 즉시성이다. 그 상황에 따라 즉시 칭찬이나 꾸중을 하면 그것이 곧 상대방의 마음속에 깊이 남게 마련이다. 누군가에게서 '훌륭한 점'을 발견했다면 그 생각이 떠오른 순간 곧바로 칭찬해준다. 그 칭찬의 말은 상대방의 마음을 크게 울려 오래도록 기억 속에 남을 것이다.

학교를 졸업한 지 30년이 흐른 뒤, "너는 우리 축구부의 숨은 일등 공신이었지. 다른 친구들은 몰라도 나는 늘 네가 대단하다고 생각하고 있었어"라는 말을 들었다고 하자. 세월을 거슬러 올라가 칭찬의 말을 들은들, 잃어버린 30년을 되찾을 길은 어디에도 없다.

칭찬으로 상대를 당신 편으로 만들기 위해서는 무엇보다 타이밍이 중요하다. 지금부터도 늦지 않다. 무엇이든 곧장 칭찬하는 습관을 가져보자.

예를 들어, 회의가 끝난 직후 "자네, 아까 그 의견은 정말 끝내줬어" 하고 한마디 던지는 것이다. 혹은 회사 복도에서 마주쳤을 때, 한두 마디 주고받은 후에 "아, 지금 자네 표정, 아주 좋아"라는 말을 건네는 것도 좋다. 처음에는 그저 머리에 떠오르는 대로라도 좋다. 무조건 칭찬 해보자.

살다 보면 간혹 칭찬에 후한 사람을 만날 수 있다. 이런 사람은 별 것 아닌 일에도 무조건 칭찬을 한다. 또한 칭찬의 기준이 매우 낮기 때문에 칭찬이라기보다 인사치레에 가까우며, 때로는 칭찬과 인사치레가 한데 섞이기도 한다. 실제로 사람을 만나면서 인사치레와 칭찬을 엄밀히 구분하기란 거의 불가능에 가깝다.

예를 들어 멋있는 넥타이를 하고 있는 사람에게 "넥타이가 참 멋지군요"라고 말하는 것은 칭찬이다. 그러나 "넥타이가 참 멋지군요. 꾸미지 않아도 멋진데 패션감각까지 뛰어나시니 여자들에게 너무 인기가 좋아 피곤하겠네요"라고 한다면 이는 단순한 칭찬을 넘어서 인사치레나 아첨에 가깝다.

 싸우고 나서 뒤늦게 할 말이 생각나는 당신에게

시작은 순수했으나 상대방이 크게 기뻐하는 모습에 칭찬이 그만 인사치레로 변질되는 경우도 있다. 하지만 그도 상관없다. 일단은 상대방의 장점이나 훌륭한 점을 찾아내서 무조건 칭찬해보자. 그리고 상대방의 반응에 따라 앞으로의 방향을 정해 나가면 된다. 다시 말해, 상대방을 기분 좋게 만들어서 신경을 당신에게 집중시키고, 호감을 갖도록 하면 되는 것이다.

상대방의 페이스에 말려들었을 때 대처하는 법

상대방을 억지로 자신의 페이스로 끌어들여 주도권을 쥐려는 사람이 종종 있다. 그런 사람은 대부분 제멋대로이고 교만하며, 자신의 이익만을 생각하는 이기적인 성격의 소유자이다. 이런 사람들은 업무에서도 좋은 관계를 유지하며 함께 이익을 창출하고자 하는 발상을 해본 적이 없다.

일방적으로 혼자 떠들고 상대방이 끼어들 틈조차 주지 않으면서 속사포처럼 계속해서 말을 늘어놓는다. 그러면서 "좋지? 멋있지 않아?" 하면서 상대방에게 동의를 요구한다.

이처럼 일방적으로 자신의 페이스대로만 밀어붙이는 사람은 어떻게 대처해야 할까? 자신도 모르게 그 사람이 하는 이야기에 그만 고개를 끄덕일지도 모르지만, 그것만은 절대 피해야 한다. 이런 경우, 자칫하다간 상대방의 페이스에 말려들 위험성이 있다.

이럴 때는 10초든 20초든 상대방의 눈을 지그시 응시하며 침묵을 지킨다. 한도 끝도 없이 긴 시간처럼 느껴질 테지만, 끈기 있게 참아내며 계속해서 입을 꾹 다물고 있어야 한다.

일방적으로 대화의 주도권을 잡으려는 사람은 성격상 상대방이 잠시 침묵한다고 해서 신경을 쓰는 타입이 아니다. 그러나 당신이 의식적으로 침묵으로 일관하면 '내 속마음을 들켜버린 걸까?' 하고 틀림없이 동요하기 시작할 것이다.

또한 상대방의 눈을 직시하는 것은 공격 혹은 자신감을 나타내는 행위이므로, 상대방은 이런 예상치 못한 반응에 내심 놀라고 만다. 바로 이때가 포인트, 그 틈을 타 화제를 슬쩍 바꾼다.

"비가 계속 오네요"라는 등 두 사람이 함께 이야기해도 아무 문제없을 만한 무난한 화제를 꺼내면 순간 상대방은 당황할 것이다. 그러면 당신은 상대방이 허를 찔린 그 순간을 잘 포착하여 "그럼, 전 이만"이라는 한마디를 남기고 그 자리를 뜨면 그만이다.

한편, 악의 없는 행동이긴 하지만 듣는 사람과 아무런 관계도, 흥미도 없는 이야기를 끝도 없이 늘어놓는 사람이 있다. 이런 사람을 대할 때도 이 방법을 유용하게 사용할 수 있다.

상대방을
한껏 띄워 주자

다른 사람의 얘기를 들으면서 "끝내준다"라든지 "역시", "그렇군"과 같은 말을 연발하는 사람이 있다.

뭐가 그렇게 끝내주는지, 어떤 점을 보고 역시라고 느꼈는지, 그렇다는 건 뭘 보고 하는 말인지 등에 관한 설명은 전혀 없다. 그저 '굉장하다', '역시' 혹은 '그렇군'과 같은 말만을 되풀이하면서 크게 감동한 듯 고개를 끄덕인다. 직접적으로 조목조목 따져가며 칭찬하는 것보다 이런 간접적인 칭찬 방식이 때로는 더욱 효과를 발휘하기도 한다.

만약 상대방이 무언가에 대해 자랑을 하고 있다면, 그 내용의 세세한 부분까지 맞장구를 칠 필요는 없다. 이때는 단순하고 막연하게 그저 감탄하는 모습을 보여주는 것이 더 바람직하다. 즉, "아, 굉장한데" 하고 크게 감동한 듯 약간 과장된 반응을 보임으로써 상대방의 허영심을 채워주는 것이다.

"정말로 그렇게 생각하나?"

만약 상대방이 이런 말로 의심을 나타낸다면, "그럼요, 당연하죠. 전 깜짝 놀랐는걸요" 하고 연기에 더더욱 박차를 가해 감탄하는 모습을 보여준다.

솔직히 제3자의 입장에서 보면 이렇게 과장된 반응으로 일관하는 모습이 한심스러울 수도 있다. 그러나 남의 이목 같은 것은 신경 쓸 필요가 전혀 없다. 누가 뭐라고 하든지 이것이야말로 상대방을 당신 편으로 만드는 특효약이니까 말이다.

당신은 무엇을
칭찬받고 싶은가

칭찬하는 방법을 알았다고 해도 무엇에 대해 칭찬해야 좋을지 몰라 처음에는 당황스러운 경우가 있다.

그럴 때는 추상적인 면을 칭찬하는 것이 좋다. 예를 들어, 그 사람의 일상 태도나 행동에 관한 것이다. "참 성실하시네요"도 좋고, "순발력이 대단하시네요"라는 말도 좋다. 단, 외모에 대한 칭찬을 할 때에는 주의해야 한다.

예를 들어, 통통한 사람에게 칭찬을 한답시고 "무척 건강해 보이십니다"라고 말한다면 어떻게 되겠는가. 상대방은 아마 '뚱뚱하다고 말하고 싶은 거겠지. 가장 예민한 부분을 건드리다니, 불쾌한 사람이야'라고 생각할지도 모른다.

구릿빛 피부를 가진 사람에게 "구릿빛 피부가 멋지네요" 하고 칭찬의 뜻으로 한 말이, "그래요, 난 원래 이렇게 피부가 까매요"라는 원망

어린 말로 되돌아올 수도 있다.

애매할 때는 용모보다는 감각을 칭찬하는 것이 무난하다. 단, 초보자라면 "패션 감각이 뛰어나네요" 정도의 일반적인 칭찬에 그쳐야 한다는 점을 반드시 명심해야 한다.

만약 당신이 한 칭찬이 상대방의 정서와 맞지 않는다면 상대방은 당신에게 호감을 갖기는커녕 오히려 불쾌하게 여길 것이며 적대감도 품을 수 있다.

그렇다면 과연 무엇을 칭찬하면 좋을까. 이럴 때는 상대방이 잘 아는 것이 무엇인지, 혹은 중요하게 여기는 가치가 무엇인지를 생각하면 답을 금방 찾아낼 수가 있다. 즉, 상대방이 마음속으로 칭찬받고 싶어하는 바로 그 부분을 칭찬하는 것이다.

패션에는 전혀 관심도, 흥미도 없이 그저 아내가 골라준 옷만 걸치고 다니는 남자에게 "부장님은 옷 고르는 안목이 뛰어나십니다" 하고 칭찬했다고 하자. 아마도 부장은 "아니, 뭐. 그 정도는 아닌데…"라며 쑥스러워하겠지만, 이는 분명 그 사람의 마음을 움직일 만한 칭찬은 아니다.

한편 평소에 남들보다 패션에 신경을 쓰는 멋쟁이에게는 "언제나 패션이 남다르세요. 전 한눈에 알 수 있어요. 눈에 잘 안 띄는 부분에도 계산된 코디네이션이 숨어 있다는 걸 말이죠. 약간 느슨하게 풀어놓은 느낌까지 역시 멋쟁이세요"라는 식으로 구체적인 칭찬을 한다. 그러면 상대방은 '그래? 알고 있었군' 하고 으쓱해져서는 이후로 자신을 칭찬해준 당신을 주의 깊게 지켜볼 것이다.

같이 일하는 여성이 패션감각이나 미모보다는 지성이나 능력, 자신의 일에 더 큰 가치를 두는 커리어 우먼일 경우에도 이런 센스가 필요하다. 그런 여성은 외모를 칭찬해도 분명 시큰둥해할 것이다. 그러나 "어제 기획회의 때 멋있었어요. 상대방의 질문이나 요구를 미리 파악한, 철저하게 계산된 기획이라는 걸 확실히 알 수 있었습니다. 덕분에 저도 큰 도움이 되었습니다. 게다가 센스도 뛰어나시네요. 오늘 신으신 부츠도 멋있어요"와 같은 말로 칭찬하면 그녀는 크게 만족할 것이다. 그녀가 생각하는 당신에 대한 이미지는 두말할 것도 없이 한층 업그레이드될 것이다.

칭찬에 익숙한 사람을
대하는 법

어릴 때부터 예쁘기로 온 동네에 소문이 자자했던 여성이 있다고 하자. 그 여성은 사람들이 자신의 미모에 대해 칭찬하는 것이 당연하다고 생각할 것이다. 이런 여성에게 "정말 아름다우십니다"라는 진부한 칭찬을 한다면 그런 말은 식상하다는 듯 상대도 해주지 않을 게 뻔하다.

이런 경우, 똑같이 미모에 대해 칭찬을 하더라도 다시없는 최상의 찬사를 준비해두지 않으면 상대방의 마음속으로 파고들지 못한다. "당신처럼 아름다운 여성과 만나게 되다니 꿈만 같습니다" 하고 다소 과장되게 칭찬할 수도 있다. 또한 "당신의 미모에 어지러워 앉아 있기도 힘드네요"와 같이 말하는 본인조차 부끄러워질 만한 낯간지러운 칭찬도 좋다.

미모에 자신이 있는 여성은 평소 칭찬에 익숙해져 있다. 그러나 일찍이 경험해보지 못한 과도한 칭찬을 듣게 된다면, 이러한 경험은 분명 그녀의 뇌리에 선명히 박히고도 남으리라.

반대로 칭찬에 익숙한 사람을 비방하는 것도 하나의 테크닉이 될 수 있다. 지금껏 경험해본 적 없는 자신에 대한 혹평이 그의 머릿속에 강한 충격으로 남을 테니 말이다. 단, 혹평만 퍼붓는다고 해서 효과를 기대하기는 어렵다. 혹평을 한 뒤에는 반드시 칭찬을 해주어야 한다. 이렇게 했을 때 상대방이 그 칭찬을 심리적으로 더욱 크게 느끼기 때문이다. 여기서 주의해야 할 사항이 있는데, 이 순서를 반대로 했다가는 오히려 낭패를 보기 쉽다는 것이다.

어리석은 상사는 부하가 큰 공을 세우면 처음엔 기분 좋게 칭찬으로 시작하다가 끝에 가서는 꼭 사사로운 실수를 지적하거나 자신의 예를 들먹거리며 일장 연설을 늘어놓기 일쑤다.

"자네가 해낸 일은 칭찬받아 마땅하네. 아주 훌륭했어. 그렇지만 다음부터는 말이야…"라든가, "내 경우에는 말이야, 이렇게 했지" 등의 말을 들은 부하는 어쩐지 기분이 찜찜해져서 오히려 일할 의욕이 꺾이고 만다. 이런 식으로 칭찬 아닌 칭찬을 들으면 상사에게 가졌던 신뢰감은 물거품처럼 사라지고, 더 나아가서는 반감마저 생기기도 한다. 이래서야 칭찬한 의미가 없지 않겠는가.

속마음을 털어놓는 관계가 좋은 관계다?
정상적인 인간관계가 성립되지 않는다

상대방을 진심 어린 마음으로 대하면 그 사람도 내게 마음을 열어준다. 그리고 그런 관계는 인간관계를 풍요롭게 해준다. 이는 처세술에 관한 책이나 인생론에 자주 등장하는 문구이다.

그러나 실제로 인간관계 속에서 상대방을 진심으로 대한다면 어떻게 될까? 이는 대부분의 사람들이 젊은 시절 한번쯤 경험해볼 법한 일인데, 친구 관계도 언젠가는 반드시 틀어지는 경우가 있게 마련이다. 그런 경험을 거쳐 사회에 나가면, 거기서 만난 사람들은 서로가 서로의 속내를 꽁꽁 숨긴 채 관계를 유지해간다. 만일 모두가 속내를 다 드러낸 채 지낸다면 조직이나 사회는 아마 제대로 굴러가지 못할 것이다.

"김 과장님은 머리에 항상 비듬을 달고 다녀서 가까이 가기도 싫어."

"이 대리는 지시를 잘 따르기는 하지만 못생겨서 다른 과로 갔으면 좋겠는데, 무슨 좋은 핑곗거리가 없을까."

"이번 기획은 거의 내가 성공시킨 거나 다름없는데, 박 주임은 마치 그게 다 자기 공인 것처럼 과장님한테 보고하고 있어. 끓는다, 끓어."

warning!
누구나 한번쯤 들어본 조언의 함정

각자 서로에 대한 안 좋은 감정을 마음속에 품고 있는데, 이를 입 밖에 낸다면 어떻게 되겠는가. 아무리 오랜 세월을 함께해온 부부라 해도 상대방에 대한 생각을 지나치게 직설적으로 표현해버리면 그 말이 불씨가 되어 이내 큰 부부싸움으로 번지고 만다.

본심을 이야기하는 듯하면서도 실은 한 겹 감싸서 이야기하는 것이야말로 진정 상대방을 위한 배려이다. 그러므로 자신의 속내를 있는 그대로 다 끄집어냈다간 그 어떤 인간관계라도 금방 무너지고 만다는 것을 항상 명심해야 한다.

옆집 아들과
비교하지 말자

누군가를 칭찬할 때, 반드시 지켜야 할 금기사항이 있다. 그것은 바로 제3자와 비교하며 칭찬하는 일이다.

예를 들어, "김 대리도 성실하지만 이 대리, 자네도 김 대리 못지않게 성실한 친구야"라는 상사의 칭찬을 들은 이 대리. 과연 그는 상사의 이 말을 어떻게 받아들일까. '뭐야. 김 대리는 성실함 빼고는 아무짝에도 쓸모없는 친구잖아. 그런 김 대리하고 나를 비교하다니, 혹시 나는 회사에서 그저 그런 평가를 받고 있는 건 아닐까' 하고 생각한다면 모든 것이 헛수고다.

또한 업무능력에 대해서 상사가 아무 생각 없이 "서 대리보다는 자네가 훨씬 능력 있지. 자네에게 거는 기대가 커"라고 칭찬했다고 하자. 그 얘기를 들은 강 대리가 '그런 무능한 서 대리와 비교하면서 날 업신여기는 건가. 잘못 봐도 한참 잘못 봤군'이라고 생각한다면 오히려 역효과를 내기 쉽다.

사람을 비교 평가하는 것은 어쩔 수 없는 일이다. 또한 타인과 자신을 비교해 스스로를 납득시키기도 한다. '우리 집도 가난하지만, 그래도 옆집보다는 나아'라는 식으로 말이다. 그러나 칭찬할 때만큼은 절대로 상대방을 제3자와 비교해서는 안 된다. 상대방이 자신과 비교 대상이 된 사람을 어떤 식으로 생각할지는 아무도 모르기 때문이다.

또한 비교당하고, 낮은 평가를 받은 제3자의 귀에 그 이야기가 들어가지 않으리란 보장도 없다. 이렇게 되면 상대를 당신 편으로 만들기 전에 당신의 주변 상황부터 수습해야 할 것이다.

싸우고 나서 뒤늦게 할 말이 생각나는 당신에게

없는 장점도
만들어서 칭찬하자

누구나 기뻐할 만한 만족스런 칭찬을 하고 싶다면 그 사람의 내면에 대해 칭찬하는 것이 효과적이다.

그저 밝은 성격을 지닌 사람에게는 "초롱 씨는 무척 밝은 성격이시군요. 부러울 따름입니다. 초롱 씨와 같이 있으면 저까지 즐거워져요"라는 말로 칭찬할 수 있다. 이와 비슷한 느낌의 칭찬으로는 다음과 같은 내용이 있다.

"매우 상냥하시군요."

"감정이 풍부하시군요."

"뭐든 열심히 하는 성격이시죠?"

"배려가 깊으시네요."

"섬세하신 분 같아요."

"너무나 겸손하시네요."

"예의 바른 데다가 머리도 좋으시네요."

설령 칭찬을 시도한 그 포인트가 상대방의 진짜 이미지와 다소 다르더라도 걱정할 필요는 없다. 당신이 그렇게 느꼈다는데 누가 뭐라고 하겠는가. 그리고 좋은 말 해주는데 싫어할 사람은 없기 때문에 칭찬을 들은 상대방은 딱히 그 말로 인해 불쾌한 기분은 들지 않을 것이다.

게다가 인간의 성격이나 기질은 대부분 양면성을 지니고 있다. 늘 상냥한 사람이라도 내면 한쪽 구석에는 무서운 면을 갖고 있게 마련이며, 조용한 사람이 한번 화를 내면 걷잡을 수 없이 폭발하는 경우도 있다. 따라서 본인이 부정하더라도 결코 물러서지 말고 일관되게 칭찬하는 것이 중요하다.

"상냥하시군요"라는 칭찬에 상대방이 "저는 상냥한 구석이라곤 한 군데도 없는걸요. 사실 저는 얼음처럼 차가운 사람이에요"라고 부정했다고 하자. 그러나 여기서 지면 안 된다. 이럴 때는 "그렇게 안 보이는데… 저한테는 무척 친절하고 상냥한 분으로 보입니다"라고 말하면 효과가 좋다.

남들은 몰랐던
장점을 찾아내라

자신에 대해서는 본인이 제일 잘 안다고들 하지만, 단지 그것은 착각이며 자만에 지나지 않는다. 자신에 대해 잘 아는 사항이라야 고작 생년월일 같은 객관적 데이터와 고기보다는 생선을 더 좋아하는 것과 같은 자신의 기호, 취향 정도이다. 대부분은 자신의 장점조차 파악하지 못하는 경우가 수두룩하다. 따라서 상대방이 인식하지 못한 그 사람의 장점을 찾아 칭찬해주면 상대방은 그 사실을 기쁘게 받아들여 당신에게 호의를 가질 것이다.

또한 대다수의 사람들은 자신의 성격이나 자질의 결점에만 신경을 쓰는 경향이 있다. 예를 들어, 지나치게 집착하는 사람(관계를 중시하는 사람)은 찰거머리처럼 끈덕지다는 이유로 인간관계에서 외면당하는 일이 종종 있다.

남들에게 찰거머리 같다는 소리를 듣는 것은 분명 큰 쇼크임에는 틀림없다. 그러므로 그 점이 자신의 결점이라고 단정 짓고 만다. 그러나 잘 생각해보면 그것이 꼭 결점이라고만은 할 수 없다. 끈질긴 성질은 장점이 되기도 한다. 끈질긴 사람에게 일을 시키면 절대 포기하는 일 없이 그 일에 착 달라붙어서 끝까지 해낸다.

이처럼 시각을 조금만 바꾸어보면 결점은 장점도 될 수 있고, 미덕도 될 수 있다. 이는 상대를 당신 편으로 만드는 작전에 큰 역할을 하는 중대한 자료이다. 즉, 상대가 결점이라 생각하고 있는 것이 실은 장점이라는 사실을 가르쳐주면 되는 것이다.

사실 자신의 결점을 인정하기란 쉽지 않기 때문에 자신의 결점이 장점이라는 얘기를 들었을 때, 그 기쁨은 한층 각별할 것이다. 이는 곧 자신감 상승으로 연결된다. 그리고 그 자신감은 더더욱 큰 기쁨을 선사한다. 결국 상대방은 당신에게 고마움을 느끼고 마음의 문을 활짝 열 것이다.

낯가림이 심해서 친구를 잘 못 사귀는 사람에게는 '낯을 가린다는 건 마음이 겸허하다는 증거'라고 가르쳐주면 어떨까. 그리고 어두운 성격으로 고민하는 사람에게는 '사려 깊은 사람은 과묵하지만 결과적으로는 다른 사람의 신뢰를 얻는다'는 세상의 이치를 제대로 가르쳐주자.

상대의 마음을
단숨에 사로잡는 표정과 대화법

처음 만나는 사람이건 아는 사람이건 혹은 친구이건 간에 일단 누군가를 만나면 그 사람과 마주하는 순간 얼굴 가득 웃음을 짓도록 하자. 그 웃음에는 '당신과 이렇게 만나서 기쁩니다'는 메시지가 담겨 있다.

웃는 얼굴에는 사람을 끌어당기는 힘이 있다. 자신을 향해 웃어주는 모습을 보고 상대방은 '나에게 호감을 갖고 있다'고 생각하기도 한다. 미소는 상대방을 받아들이겠다는 의미도 담고 있기 때문이다.

웃음이 메마른 현대 사회에서 기분 좋게 웃는 얼굴은 다른 사람을 사로잡는 강력한 무기와도 같은 역할을 한다. 다만, 웃는 얼굴과 웃음을 혼동해서는 안 된다. 요즘은 멋지게 웃는 얼굴을 만들지 못하고 그저 큰 소리로 웃어대기만 하는 사람이 많다.

웃는 얼굴과 큰 소리로 웃는 모양은 엄연히 다르다. 예를 들어, "장사가 잘돼 좋겠습니다. 와하하하!" 하는 식으로 아무 의미도 없이 그저 큰 소리로 웃기만 한다면 상대방에게 불쾌함만 안겨줄 수 있다. "뭐가 웃기다고 그렇게 웃어요?" 하고 일침을 맞을 수도 있다.

활짝 웃는 얼굴이 백 마디 칭찬보다 낫다. 누구를 만나든 먼저 웃어주자. 그것이·곧 당신의 무기가 된다. 이제부터라도 매일 거울 앞에서 웃는 연습을 해보자.

또한 이름을 부르면 처음 만난 사람과의 거리를 좀 더 쉽게 좁힐 수가 있다. 또한 상대방의 마음속에는 '저 사람이 나의 존재를 인정해주는군' 하는 심리가 작용하여 호감을 갖게 되고, 이윽고 둘 사이에는 친근감이 싹튼다. 첫 대면 때뿐만이 아니라 사람을 만날 때는 항상 이름으로 부르는 습관을 갖도록 하자.

한편, 업무 관계 혹은 개인적으로 누군가와 만난 후 헤어질 때 "오늘 감사했습니다" 하고 인사를 하는 경우가 많다. 일반적으로 만났을 때 하는 인사말보다는 헤어질 때 하는 인사말이 상대방의 기억 속에 훨씬 강렬하게 남는다.

학습심리학의 개념 가운데 '잔재효과'라는 것이 있다. 이는 비슷한 이야기라도 나중에 들은 내용이 머릿속에 훨씬 잘 남는 현상을 말한다. 이를테면 끝부분에 나오는 이야기가 낙관적인 내용이면 듣는 이의 뇌리에는 전체적으로 즐거웠던 생각이 크게 자리 잡는다.

사람을 만날 때도 이와 마찬가지여서 헤어질 때 "즐거웠습니다"라든지 "반가웠습니다"라는 말을 들으면 보통은 그 말을 해준 사람에 대해 좋은 인상을 갖게 마련이다.

싸우고 나서 뒤늦게 할 말이 생각나는 당신에게

그 말에 진심 어린 마음까지 담는다면 더욱 효과적임은 말할 필요도 없다. 따라서 고맙다는 말을 할 때는 습관처럼 말하지 말고 진심어린 마음을 담아 말하도록 하자. 그렇게 하면 "오늘 만나서 반가웠습니다", "정말 즐거웠습니다"와 같은 지극히 평범한 감사의 인사도 강력한 힘을 발휘하여 상대방의 마음속에 깊숙이 자리 잡을 것이다.

"그렇구나"라고
말하라

찻집에서 친구로 보이는 두 사람 사이의 대화. 잘 들어보면 친구가 무슨 말을 할 때마다 사사건건 "그래도" 혹은 "그렇지만"이라는 말을 내뱉는 사람이 있다. 한 가지 주제를 놓고 함께 이야기할 때 상대방이 이처럼 부정적인 접속사를 연발하면 이야기하는 입장에서는 기운이 쭉 빠지고 만다.

한편, 무조건 서로의 말에 "그래, 맞아"를 연발하며 이야기하는 사람들도 자주 볼 수 있다.

사람이 세 명 이상 모였을 때를 연상해보자. 이때 그 모임을 주도하는 존재가 어떤 말을 하면 나머지 전원이 "그래, 그래" 하고 맞장구를 친다. 이렇게 모두가 입을 모아 한목소리로 얘기하는 맞장구 속에는 '나만 혼자 따돌림 당하기 싫다'는 심리도 분명 작용하겠지만, 중요한 것은 친구나 지인을 휘어잡고 싶다면 '그래도'나 '그러나'는 금기 문구라는 것이다.

싸우고 나서 뒤늦게 할 말이 생각나는 당신에게

혹은 "그게 뭐다냐~" 하고 사투리를 섞어서 무안을 주는 표현도 안 된다. "그래도"나 "그러나" 대신 "그렇구나" 혹은 "음~ 그런 거였군" 하고 긍정적으로 고개를 끄덕이기만 해도 상대방은 당신에게 호감을 갖고 열심히 이야기할 것이다.

가능하면 "역시 대단하십니다", "깜짝 놀랐습니다", "굉장하군요", "많은 도움이 되었습니다", "저도 한번 해보겠습니다" 등 상대방이 말하길 잘했다는 생각이 들도록 긍정적인 반응을 보이는 것이 효과적이다.

인간이란 본래 자신의 지식이나 감각을 타인에게 과시하고 싶어 하는 동물이다. 바로 이 점을 역이용하면 이야기는 쉬워진다. 즉, 다른 사람의 이야기를 잘 들어주는 사람이 타인의 마음을 매료시킬 수 있는 것이다.

식사를
합시다

상대방을 설득하는 가장 정통의 방법은 바로 음식을 대접하는 일이다. 타인과 친해지고 싶거든 함께 먹고 마시라는 말이 있다. 실제로 함께 식사하고 술을 마시면 그 사람의 마음의 문을 열기가 한층 수월하다. 바로 여기서 절호의 기회가 만들어진다.

누구나 식사 중에는 마음이 편안해진다. 그리고 타인에 대한 경계심도 느슨해져 어느 틈엔가 방어 태세가 스르르 풀어져 버린다. 바꾸어 말하자면 다른 사람을 받아들이기 쉬운 상태가 되는 것이다. 이처럼 함께 음식을 먹는 것은 사람의 마음을 얻기 위한 기본이다.

또한 직장인들 대부분은 "언제 한번 밥이나 같이 먹지" 하고도 서로 구체적인 날짜를 정하지는 않기 때문에 흐지부지되는 경우가 있는데, 한번 약속을 했으면 신속히 행동에 옮기는 것도 상대방을 당신 편으로 끌어당기는 테크닉 가운데 하나이다.

예를 들어, 여성에게 선물을 주기로 약속했다면 바로 다음 날 그녀에게 선물을 안겨줄 수 있을 정도의 행동력을 갖추어야 한다. 그렇지 않으면 선물에 대한 효과는 기대하기 어렵다. 상대방이 약속에 대해 까맣게 잊어버렸을 무렵에 선물을 하는, 의외성을 노린 방법도 있기는 하지만 그보다는 하루라도 빨리 선물을 하는 것이 바람직한 방법이다.

약속은 행동으로 옮겨 즉시 실천한다. 약속을 바로 지키는 성실함과 행동력으로 좋은 인상을 남기면 곧 상대방의 마음을 휘어잡을 수 있다.

상대의 페이스를
관찰하라

사람은 누구나 어떻게 하면 남보다 한걸음이라도 앞설 수 있을까 고심하며 경쟁자를 앞지를 기회만 호시탐탐 노리고 있다. 그러므로 방심은 금물, 틈을 보여선 안 된다. 당신이 남보다 앞서기 위해서는 당신의 페이스에 맞추어 움직여야 한다. 타인에게 주도권을 빼앗기면 손해만 볼 뿐이다. 직장에서 우위를 차지하기 위해서도 마찬가지다. 머리를 잘 써서 주도권을 획득한 후, 당신의 페이스로 상대방을 끌어들여야 한다.

따라서 행동력이 있는 사람들은 무슨 일이든 거의 습관적으로 자신의 페이스를 잃지 않고 항상 그에 따라 움직인다. 그래서 간혹 사람들은 이런 부류의 상대방이 의지가 되는 든든한 사람이라고 착각하기도 한다.

친구들이나 가족들과 함께 저녁모임을 가질 때도 이런 사람이 있으면 메뉴 선택에서부터 일이 술술 풀리는 건 사실이다. 그러나 이런 사

람들은 때때로 다른 사람의 기호나 페이스를 무시하기도 한다. 그 결과 "놔둬도 저 사람이 다 알아서 하겠지, 뭐"라는 비아냥거림을 듣기도 한다. 물론 이런 사람을 좋아할 사람은 아무도 없다. 따라서 이보다는 다른 사람의 페이스에 맞춰주는 사람이 호감을 얻는 것이다.

어느 심리학자에 의하면, 가까운 사람끼리 만나서 이야기할 때는 웃고, 고개를 끄덕이고, 손을 움직이고, 시선을 움직이는 등의 동작이 서로 일치하는 경우가 많다고 한다.

예를 들어 한 사람이 턱을 괴면 다른 사람도 따라서 턱을 괴고, 한 사람이 담배를 피우기 시작하면 다른 사람도 담배를 피우며, 한 사람이 커피를 마시면 다른 사람도 따라서 마시는 식이다. 이런 행동이 나타나는 원인은 두 사람의 마음이 서로 영향을 주고받기 때문이다.

친한 사람과 함께 소파에 앉을 때, 두 사람이 같은 자세로 앉는 경우가 있다. 회의 때 잘 살펴보면 의견이 같은 사람끼리는 같은 자세를 취하고 있는 경우가 많다. 따라서 이와 같은 반응, 동조의 동작이나 자세를 잘 활용하면 상대방의 마음을 휘어잡을 수 있다. 상대방과 호흡을 맞추거나 의식적으로 상대방과 똑같은 동작을 취하는 것도 좋다.

상대의 관심 분야를
파악하는 방법

칭찬을 잘하는 사람은 상대방이 가치를 두고 있는 사항에 대해 칭찬한다. 업무 관계나 지인, 친구 등 누구와 대화를 하든지 그 사람이 무엇에 가치를 두고 있는지를 파악했으면 그에 적극적으로 찬동한다. 그렇게 하면 상대방의 호의를 얻기가 한결 수월해진다.

그러므로 누군가의 마음을 사로잡고자 할 때는 그 사람이 가치를 두는 것은 무엇인지, 어느 대목에서 동의해주기를 바라는지를 철저하게 이해해야 한다.

또한 상대방의 의견에 동조함과 동시에 자신을 낮추어서 간접적으로 그 사람의 자존심을 만족시키는 방법도 있다. 예를 들어, 타깃으로 삼은 사람이 낚시를 좋아한다면 "저도 가끔씩 바다낚시를 하러 가는데 상당히 재미있더군요. 그런데 도통 실력이 늘지를 않으니…. 부장님은 낚시의 달인이라고 들었는데, 낚시 잘하는 비결이라도 있나요?" 하고 취미가 같다는 점을 어필하여 관심을 끈다. 여기에 가르침까지 부탁하면 상대방의 자존심이 세워져서 효과는 배가 된다.

또한, 동조라는 의미에서 볼 때 매우 효과적인 방법은 상대방이 한 말을 그대로 따라 하는 식의 대화이다. 이는 상대방을 안심시켜 대화를 이끌어내는 데 큰 역할을 한다.

"올여름은 참 덥네요."

"네, 덥네요."

"좀 시원한 곳 어디 없을까요?"

"글쎄, 없을까요."

다음과 같은 대화도 가능하다.

"너무 바빠서 미치겠어요."

"그렇군요. 저도 그래요."

"스트레스를 풀어야 하는데 도통 시간이 없어요. 그래서 스트레스를 해소해야 한다는 생각 자체가 오히려 스트레스예요."

"맞아요, 그게 또 다른 스트레스죠."

이런 예스 화법으로 대화를 끌어나가다가 그의 마음을 간파했으면 그가 기뻐할 만한 화제로 이야기를 전개해나간다. 바로, 상대방을 사로잡기 위한 첫걸음이다.

warning!

누구나 한번쯤 들어본 조언의 함정

다른 사람의 장점만 보도록 노력하라?
진정한 인간관계를 맺을 수 없다

텔레비전이나 신문의 인생 상담 코너에는 '동료와의 관계가 좋지 않은데, 어떻게 하면 좋겠습니까?'라든가 '시어머니와 사이가 나쁩니다. 분가하는 게 좋을까요?'와 같은 고민이 쇄도한다. 그리고 이런 질문에 대한 답변은 모두 판에 박은 듯 똑같다.

"상대방의 좋은 점을 보도록 하십시오. 누구에게나 장점은 있습니다. 좋은 면을 보려고 노력하면 상대방의 태도도 달라질 것입니다."

이 세상에 결점만 있는 사람은 없으며, 또한 아무리 악한 사람일지라도 반드시 좋은 점을 갖고 있기 마련이다. 그러나 장점이나 좋은 면만을 본다면 어떻게 될까? 겉으로는 상대방의 장점을 보고 판단하는 척하면서 실은 그 사람의 결점을 찾아내느라 정신이 없다. 그러나 결점까지 포함하여 상대방을 인정하는 것이 서로에게 가장 바람직한 관계가 아닐까?

만일 성장기에 있는 자녀를 교육할 때 '친구의 좋은 면을 보라'고만 가르친다면 그 아이는 사람을 보는 눈이 길러지지 않은 채 그대로 어른이 되고 말 것이다. 세상 물정을 알고, 이 사회를 씩씩하게 살아가기 위해서는 장점뿐만이 아니라 결점도 함께 보아야 한다.

겉모습을 잘 꾸미는 사람의
숨겨진 가치

겉모습만 잘 꾸며도 자신을 훨씬 그럴싸한 이미지로 포장할 수가 있다. 이 포장에만 성공하면 주변의 시선도 달라진다. 일반적으로 사기꾼은 말쑥한 옷차림을 하고 있는 경우가 많은데, 이는 모두 '단정하고 깔끔한 사람은 인간적으로도 훌륭한 사람일 것'이라고 생각하는 사람들의 심리를 이용한 것이다.

그러므로 목표를 설정했으면 우선 겉치장에 신경을 쓰도록 하자. 미남과 추남이 나란히 눈앞에 있을 경우, 여성은 무조건 미남에게 호의를 갖는다. 마찬가지로 미녀와 추녀가 있다면 남성은 당연히 미녀에게 호의를 가질 것이다. 이는 미남, 혹은 미녀가 유전자적으로 우수할 것이라는 본능적인 생각 때문이다. 이를 뒷받침하는 실험이 있다.

횡단보도 앞에서 신호를 기다리다가 한 사람이 먼저 빨간불을 무시하고 무단횡단을 했을 때 주위 사람들의 반응을 조사했다. 작업복 차림의 남성이 신호를 무시하고 횡단보도를 건넜을 때, 거의 대부분의 사람들이 잠자코 그 광경을 지켜보기만 했다. 그러나 넥타이에 양복 차림의 남성이 같은 행동을 하자 그 남자를 따라 건너는 사람이 많았다.

겉모습이 수려한 사람이 좋은 인상을 심어줄 수 있는 이유는 단지 복장 때문만이 아니다. 키가 작은 사람보다 큰 사람이 더 좋은 인상을 풍긴다는 사실이 심리학에서 밝혀진 바 있다. 그러나 모두 타고난 미남, 미녀일 수는 없다. 이를 보완하기 위해 여성은 화장으로 치장을 하고, 남성도 옷차림을 바꾸어 겉모습을 꾸미는 것이다. 온화한 표정과 침착한 행동, 청결한 복장, 이 모두가 겉치장의 조건이다. 그러므로 이러한 조건을 갖추는 것 또한 타인을 당신 편으로 이끌기 위한 기본자세라 할 수 있다. 단, 패션이 지나치게 완벽하면 오히려 의심을 살 수 있으므로 이 점에 항상 주의하기 바란다.

이야기를 잘 들어주는 사람의 매력

"제가 말수가 없어서" 혹은 "이야기하는 게 자신 없어서"라고 말하는 사람이 있다. 오늘날 과묵함은 결코 자랑거리가 아니다. 본래 인간은 이야기하기를 좋아하는 동물이므로 그 말을 있는 그대로 믿어서는 안 된다.

예컨대 집에서는 도통 말도 없고, 최소한의 필요한 말 외에는 입도 열지 않는 사람이 단골 술집에만 가면 다른 손님들의 인기를 한 몸에 받는 달변가로 변모하는 경우가 있다. 또는 직장에서는 말이 없지만 마음 편한 친구들과는 이야기를 잘하는 사람도 많다. 그리고 보면 누구에게나 일관된 과묵함을 고수하는 사람은 아마 없지 않을까? 인간은 침묵하며 살 수 없는 동물이다.

이야기를 안 하는 것, 혹은 못하는 것은 필시 무슨 문제나 사정이 있기 때문이다. 손윗사람이나 처음 만나는 사람 앞에 서면 어린아이처럼 낯가림을 해서 제대로 말을 못하는 사람도 있다. 또한 일반적으로 대화의 주제와 관련된 정보나 지식, 감성을 지니지 않았을 때도 침묵한다.

열심히 이야기하는 도중에 갑자기 화제가 바뀌거나 상대방이 중간에 끼어들어 이야기의 흐름을 끊으면 기분이 상해 그 후로는 아무 말 없이 잠자코 있는 사람도 있다.

말이 없는 사람에게는 그 사람 나름대로의 이유가 있다고 생각하는 것이 좋다. 그러므로 이야기가 서툰 사람과 대화를 나눌 때는 그 사람에 대한 배려가 필요하다. 잘 들어주는 사람이란 다시 말해 상대방의 입에서 이야기를 이끌어낼 줄 아는 사람이다. 다른 사람의 이야기에 귀 기울이는 행위는 사람을 매료시키는 테크닉 가운데 가장 기본이다. 누군가와 만나서 이야기를 할 때는 우선, '나' 중심의 생각에서 벗어나 상대방의 이야기에 귀를 기울이고 집중해야 한다.

"어제 이러이러한 일이 있었는데 그것에 대해 어떻게 생각해?" 이런 식으로 상대방이 입을 뗄 수 있도록 그 계기를 마련해주는 것도 중요하다.

또한 상대방의 이야기를 잘 듣다 보면 그 사람의 취약점, 즉 공략 포인트를 간파해낼 수 있다. 간혹 상대방의 이야기에 "응, 응" 하고 맞장구를 치는 척하면서 건성으로 듣는 사람이 있는데, 이는 소중한 기회를 발로 차버리는 것과 같다. 하물며 상대방이 열심히 이야기하고 있을 때라면 더더욱 그렇다.

대화를 나눌 때는 다른 사람의 이야기에 집중하면서 가만히 듣는 것

이 좋다. 그러면 상대방의 의견이나 지식, 상대방이 무엇을 어떻게 느끼고 있는지에 관한 정보를 쉽게 손에 넣을 수가 있다. 물론 대부분은 그다지 도움이 되지 않는 진부한 의견이나 흔해빠진 정보, 혹은 평범한 감상들이 주를 이루겠지만 아무리 멍청한 사람이라도 한두 가지 정도는 의외의 센스를 발휘하는 법이다.

극단적으로 말하자면 바보가 하는 말이라도 잘 들어두면 언젠가는 분명 쓸 만한 정보를 얻을 수 있다. 그리고 그 정보들은 다른 사람을 당신 마음대로 조종하기 위한 귀중한 정보로 활용된다.

상대방이 무엇을 생각하고, 무엇을 원하는지도 파악할 수 있기 때문에 어떤 점을 칭찬해야 상대방이 만족감을 느낄지도 자연스레 알 수 있다. 이야기를 들어주는 것에 중점을 두면 그것이 펌프와 같은 역할을 하여 시혜나 정보를 수집하는 데 큰 도움이 된다.

특히 요즘에는 타인의 이야기에 전혀 귀를 기울이지 않고 덮어놓고 자신의 이야기만 들어주길 바라는 사람들이 많다. 그런 사람들이 넘쳐나는 현대 사회이기에 다른 사람의 이야기에 귀를 기울이는 행위 자체야말로 사람을 끄는 중요한 테크닉이라 할 수 있다. 이야기를 들어준 것만으로도 기분이 좋아져 그 사람에게 호감을 갖기 때문이다.

마음속에 고민거리나 트라우마(정신적 외상)와 같은 문제를 안고 있는 사람들의 상담에 응하는 심리학 분야의 카운슬링에서, 카운슬러는 이야기를 들어주는 역할에 전력을 다한다. 조언이나 충고는 최소한으로 제한하고 시간을 들여 천천히 상대방의 이야기를 집중해서 듣는다.

상대방은 마음속에 담아두었던 이야기를 해나가는 와중에 자신의 마음을 정리한다. 또한 이야기를 들어주는 사람이 있고 그 사람이 자신의 마음을 이해해주고 있다는 안도감만으로도 마음의 병이 치유되어 다시 활기를 되찾는다.

실제로 고민거리가 생겼을 때, 친구나 가까운 사람에게 속마음을 털어놓는 것만으로 고민이 말끔히 해소된 듯 속이 후련해진 경험이 다들 있으리라. 이렇듯 머릿속에 꽉 차 있는 고민과 걱정을 밖으로 끄집어냄으로써 문제 해결의 실마리를 찾아낼 수 있다. 이로써 마음속 응어리가 개운하게 풀리는 것은 두말할 나위도 없다.

다른 사람의 이야기에 귀를 기울이는 행위는 다시 말해 상대방에게 자신감과 용기, 힘을 북돋아주는 효과를 낳는다. 그저 일관되게 "응, 응" 하며 이야기를 들어주는 것뿐이지만, 그에게 당신이란 사람은 매우 특별한 존재로 비칠 것임에 틀림없다.

첫 만남에서
상대를 꿰뚫어보는 테크닉

처음 만나는 사람과 이야기를 나누는 경우, 상대방을 대체 뭐라고 칭찬하면 좋을지 망설여질 때가 있다. 상대방에 대해 아는 것이 거의 없으므로 처음부터 그 사람의 성격이나 기호에 관한 이야기를 꺼낼 수도 없는 노릇이다. 이럴 때는 그 사람의 속성이나 추상적인 사항에 관해 칭찬하는 것이 좋다.

예를 들어, "업계 전반에 걸쳐 불경기인데, 귀사의 실적은 정말 대단하군요"라는 식으로 상대방이 다니고 있는 회사를 칭찬하면 이는 간접적으로 그 사람을 칭찬한 셈이 된다.

첫 만남에서 상대방이 어느 지역 출신인지 알았다면 "아, 거기요. 음식 맛있기로 유명하잖아요"라고 이야기를 꺼낸다. 그리고 시간이 지나 어느 정도 분위기가 무르익어 개인적인 이야기를 나누게 되면 그때 상대방에 대한 구체적인 칭찬의 말을 건넨다.

대놓고 아첨을 하는 것이 아니라 어디까지나 자연스럽게 칭찬해야 한다. 이렇게 하면 처음 만난 사람이라도 당신에게 분명 좋은 인상을 받을 것이다.

같은 칭찬을 하더라도 그에 대한 반응은 사람마다 제각각이다. 입이 귀에 걸릴 정도로 크게 기뻐하는 사람이 있는가 하면 쑥스러워하는 사람도 있다. 냉소를 짓는 사람도 있고, 미심쩍은 표정을 보이는 사람도 있다. 못 들은 척 무시하는 사람도 있으며, 그저 고개만 끄덕일 뿐 그 이상 아무 반응도 보이지 않고 잠자코 있는 사람도 있다.

내뱉는 말도 가지각색이어서 "정말?" 하고 되물으며 기쁨으로 가득 찬 얼굴을 하는 사람이 있는가 하면, 의아한 듯한 표정을 짓는 사람도 있다.

이러한 반응들을 살펴보면 칭찬을 있는 그대로 받아들이는 사람인지 아닌지를 알 수 있다. 또한 칭찬의 말이 상대방에게 적절한 것이었는지도 가늠할 수 있다. 또한 칭찬의 말을 들은 후 마음을 여는지, 아니면 반대로 담을 쌓는지에 따라 그 사람의 성격이나 인간성 등을 더 잘 파악할 수 있다.

칭찬은 상대방을 파악하는 절호의 기회이다. 이를 잘 활용하기만 하면 당신은 상대방과의 관계에서 주도권을 장악할 수 있다.

먼저
들이대라

아무리 사교성이 좋은 사람이라도 처음 만나는 사람 앞에서 자신의 이야기를 시시콜콜 늘어놓기란 힘든 일이다. 이런 상황에서는 누구나 경계심을 갖고 소극적이 된다. 업무 관계에서 사적인 화제는 좋지 않다는 심리도 작용할 것이다. 따라서 처음 만나는 사람 앞에서 자신에 대한 모든 것을 드러내지 않는 것은 어찌 보면 상식적이고 자연스런 대처이다.

반대로, 상대방이 자기 얘기를 꺼내도록 유도하는 데 성공했다고 하자. 그러면 그것은 곧 당신에 대한 호감으로 이어진다. 하지만 상대방이 항상 먼저 나서서 자신의 이야기를 해주는 것은 아니다. 게다가 처음 만나는 사이라면 더더욱 그렇다. 그럴 때 그 사람의 마음의 문을 여는 가장 **빠른** 방법은 먼저 당신 스스로를 활짝 열어젖히는 것이다.

다시 말해, 아직 마음을 열지 않고 있는 상대방에게 당신의 이야기를 먼저 시작한다. 묻지 않아도 먼저 시작하는 거다. 이야기의 내용으로는 출신지나 하는 일 등 알고 있어도 별다른 지장이 없을 정도의 이야기면 좋다. 이렇게 먼저 가슴을 열면 상대방은 스스럼없이 다가와 준 당신에게 호의를 품기 시작한다. 그로 인해 상대방의 마음속에 '이런 사람에게라면 내 이야기를 해도 괜찮지 않을까' 하는 생각이 자리 잡혔다면 그걸로 모든 게임은 끝난 것이나 다름없다.

심리학에서 자기개시 대화법이라고 하는 것인데, 이를 활용하면 상대방은 자기 자신에 대해 이것저것 이야기하기 시작한다. 이는 자기개시의 상호성이 발현되기 시작했다는 의미이다. 여기까지 오면 상대방은 자신의 얘기를 남에게 한다는 것이 그리 어려운 일이 아니라는 것을 깨달아 한결 편안한 마음을 갖는다.

다른 사람이 자기개시를 할 수 있도록 유도하면 그의 성격도 어느 정도 파악이 가능하며 욕구나 희망, 고민이나 약점, 주특기 분야나 자랑거리 등도 알 수 있다. 이와 같은 정보는 상대방의 마음을 조종할 때 훌륭한 자료로 활용된다.

단, 이때 자신에 대한 이야기를 먼저 꺼내는 데 할애하는 시간은 짧을수록 좋다.

단점을
드러내라

칭찬을 통해 상대방의 자존심을 만족시켜 자신에게 호의를 품게 하는 데 성공했으면, 다음으로 자신의 결점이나 약점에 대한 얘기를 은근슬쩍 흘리는 기술도 활용해보자.

이 기술을 이용하면 상대방에게 '이 사람은 정직한 사람이로구나' 하는 인상을 심어줄 수 있다. 우리는 은연중에 자신의 결점이나 약점을 공공연하게 드러내는 사람은 착하고 선한 사람이라는 선입견을 갖고 있기 때문이다. 약점을 내보이면 상대방은 곧 경계 태세를 풀고 자신에게 약점을 털어놓은 사람에게 흥미를 보이기 시작한다.

이 방법은 그저 밀고 당기기로 결코 특별한 기술이 아니다. 그러나 사람들은 의외로 이 단순한 수법에 쉽게 걸려든다.

● 1단계: 상대방을 일단 칭찬한다.

● 2단계: 자신의 약점이나 결점에 대한 얘기를 슬쩍 입에 올린다.

이 두 단계만으로 상대방은 당신에게 친근감을 느끼기 시작한다. 바로 이때 상대방을 공략하기 위한 여러 장치들을 사용하면 된다.

처음 만난 사람에게 자신의 치부를 드러내는 것도 금방 친해지는 비결이다. 자신의 약점이나 부정적인 측면을 감추려고만 하지 말고, 오히려 당당하게 드러내자. 그 부정적인 측면이 의외로 친구 사귀는 데 유리한 작용을 할지도 모른다.

구체적인 상황을
미리 설정하라

실적이 좋은 세일즈맨은 인간 심리를 숙지하고 있다. 딱히 심리학을 공부한 것도 아닌데 업무 경험을 통해 어떻게 하면 물건을 사게 만들 수 있는가를 알고 있다.

그런 세일즈맨이 구사하는 테크닉 가운데 '전제조건을 암시하는' 방법이 있다. 예를 들면 냄비나 프라이팬과 같은 부엌용품을 세일즈할 때 "필요한 건 없으세요?", "찾으시는 물건 있으세요?"라고 하면 고객은 별 반응을 보이지 않는다.

그럴 때는 "볶음요리를 잘하세요, 아니면 삶는 요리를 잘하세요?"라고 구체적인 선택지를 제시하여 질문한다. 그렇게 물으면 고객은 자신이 어느 쪽 요리를 더 많이 하는지 새삼 생각해보게 되고, 그런 다음 한 가지를 선택하기에 이른다.

부엌용품을 살 것인가, 안 살 것인가는 묻지 않는다. 사러 왔다는 것을 전제로 하고 묻는다. 전제조건을 모두 갖추었다고 인정함으로써 고객은 반드시 사야 한다는 착각에 빠진다.

어떤 조건을 기정사실로 만들어놓으면 다음 행동으로 쉽게 나아가는 것이다.

이런 실험을 해보았다.

시계와 다른 물건이 같이 찍힌 사진을 베테랑 형사에게 보이고, 몇 분 후에 사진에 찍힌 시계의 시각을 질문한다.

이때 "몇 시였습니까?"라고 물으면 5시, 10시라고 정확하게 대답하는 사람이 많다. 그런데 "3시였습니까, 9시였습니까?"라고 물으면, 자신이 10시로 봤다 하더라도 3시나 9시로 대답한다. 막연히 몇 시냐고 물으면 정확하게 대답하는 사람이라도, 선택지를 제시하면 자신의 눈을 의심해 틀린 답을 내고 만다.

선택지가 주어지는 순간부터 사고의 폭이 좁아진다. 옳은가 그른가가 아니라, 어느 쪽을 선택해야 할 것인가로 심리의 중심이 이동하기 때문이다.

그래서 기정사실을 하나 만들어두고 그 다음의 구체적 선택지를 제시하면, 상대의 기분을 자신이 원하는 방향으로 이끌어갈 수 있다.

흥분한 사람을
대하는 법

자식에 대한 어머니의 언행을 잘 살펴보면 의도했건 안 했건 심리학적 원리에 잘 맞는다.

넘어져서 무릎이 까져 울고 있는 아이에게 "괜찮아, 안 아파"라고 상냥하게 말을 건다. 어머니의 말을 듣고 아이는 마음을 놓는다. 이윽고 아이도 실제로 크게 아프지 않다는 것을 알고는 울음을 그친다.

이것도 말로서 아이의 마음을 움직이는 테크닉이다. 어린애가 울고 있을 때 "왜 그래! 이 바보!", "아프긴 뭐가 아파! 어디 봐!" 하고 고함을 질러대면 아이는 더 흥분하고 만다. 그렇게 되면 아이는 아파서가 아니라 불안해서 더 심하게 운다.

사람이란 느긋한 목소리를 들으면 긴장을 늦춘다. 그 반대로 상대를 흥분시키고 싶으면 일부러 말을 빨리 하면 된다. 말이나 행동의 '속도'로 사람의 심리를 조종할 수 있다. 흥분한 상대를 함락시키고 싶으면 일부러 천천히 움직이고 말하면 된다.

어떤 고객이 불만을 이야기하러 회사를 찾아왔다고 하자. 붉으락푸르락 화를 내는 고객에게 "흥분하지 마세요"라고 하면, 이건 불에 기름을 붓는 격이다. 이럴 때는 "커피라도 한잔 하시지요" 하고 여유로운 태도로 커피 한잔을 대접한다. 또는 천천히 담배 한 대를 권한다.

이쪽에서 천천히 움직이면 상대의 흥분도 서서히 가라앉는다. 이제 상대는 이쪽 페이스대로 움직이게 된다. 고객의 불만을 해소하기 위한 첫 단추를 잘 채운 것이다.

싸우고 나서 뒤늦게 할 말이 생각나는 당신에게

마술사가
돼라

백화점이나 슈퍼마켓에 가면 냄비나 부엌칼 등의 실연판매 행사를 자주 본다. 판매원은 약장수처럼 뛰어난 화술로 제품을 설명하여 모여든 고객의 시선을 끌어들인다. 그때 설명과 실연을 보고 들은 주부들은 너도나도 그 제품을 산다.

실연판매에서는 판매원의 말솜씨가 매상에 큰 영향을 미친다. 이 판매원의 화법에는 고객의 마음을 사로잡는 심리 전술이 숨어 있다.

그 대표적인 것이 '확인 화법'이다. 자신이 실연하는 내용에 대해 하나하나 고객에게 확인해나가는 화법이다.

"자, 잘 보세요. 이 프라이팬, 보통 프라이팬과 똑같아 보이지 않습니까? 그렇지만 이 부분이 좀 다릅니다."

그러고는 그 프라이팬을 사용하여 실제로 음식을 구워본다.

"자, 보통 프라이팬이라면 이렇게 구워지지 않아요. 이 프라이팬이 아니면 절대로 이렇게 깨끗하고 빨리 구워지지 않죠."

여기서 다시 고객에게 확인을 요청한다. 또 다른 장점을 설명할 때도 실연을 해보이고 고객의 동의를 이끌어낸다.

이런 실제 작업을 통해 고객들의 사고를 일정한 방향으로 이끌어간다. 고객은 판매원이 하는 행위를 보고 고개를 끄덕이는 사이에 '이거 대단한 물건이잖아'라고 생각하게 된다.

예스, 예스를 몇 번 반복하다 보면 어느새 저도 모르게 그 상품의 장점과 가치를 인정해버리고 만다. 그 결과가 실연이 끝난 후의 판매로 이어진다.

이 확인 화법은 마술에서도 흔히 사용된다. "이 모자에는 보시다시피 아무런 장치도 없습니다. 어디서나 구할 수 있는 평범한 모자입니다." 그러면서 관객에게 모자를 보인다. "이 모자 속에 탁구공을 넣어보겠습니다." 그러면서 탁구공을 보여준다. 이렇게 하면서 관객의 시선과 사고를 어떤 때는 모자로, 어떤 때는 탁구공으로 유도하여 마술을 실연하기에 좋은 상황으로 만들어간다. 그 결과 관객은 마술사의 화술과 손기술에 깜짝 놀라게 되는 것이다.

인사 하나 제대로 못하는 사람은 사회인으로서 실격이다?
형식보다는 마음이 더 중요하다

사회, 특히 조직에서는 '인사 하나 제대로 못하다니 사회인으로서 실격'이라고 일방적으로 낙인을 찍어버리는 경우가 많다.

물론 사람과 사람 간의 커뮤니케이션에서 가장 중요한 것이 인사라고 하는 데에는 반론의 여지가 없다. 그렇다고 인사만 잘하면 되는가 하면 꼭 그런 것도 아니다. 사실 이 '인사를 제대로 하지 못하면 사회인으로서 실격'이라는 말은 형식을 중요시하는 선배 사회인들이 고의적으로 만들어놓은 기준에 불과하다.

당연한 얘기지만 인사하는 방식이 그 사람의 능력의 척도가 되지는 않는다. 그보다 중요한 것은 마음이며 겸허함이다. 인사를 패기 있게 하지는 못하더라도 방긋 웃으며 머리를 숙이는 동작, 그것만으로도 인사하는 사람의 마음이 충분히 전해진다.

따라서 젊은 시절, 인사를 제대로 하지 못한다고 해서 그것을 마음에 담아둘 필요는 없다. 아직 어린 나이에 인사라고 하는 형식만 몸에 밴 사람이 오히려 신용하기 어려운 경우도 있으니 말이다.

"일요일까지 보내 드리겠습니다"라는
말의 또 다른 의미

여행을 다녀와서 친구에게 선물을 준다고 하자. 여행지는 중국이고, 선물은 우롱차이다. 선물을 건네면서 중국의 특산품이라고 하면 금방 마음에 와 닿지 않는다.

우롱차는 우롱차지만 이건 보통의 물건이 아니다, 중국의 우롱강 지역에서 특별히 재배한 차로서 어린 순만 가려서 제조한 것이라 중국에서도 특별한 사람들만이 즐기는 제품이라고 하면 받는 사람도 감동한다.

같은 선물이라도 어떤 말을 덧붙이느냐에 따라 받는 사람이 느끼는 감정도 많이 달라진다. 비단 이것은 선물뿐만 아니라 일상생활에도 통용되는 이야기다.

상대에게 좋은 이미지를 심어주지도 못하면서 나를 좋아해달라고 말하는 것은 모순이다. 표현 하나가 나에 대한 이미지를 완전히 바꾸어 놓는다는 사실을 알아두자.

싸우고 나서 뒤늦게 할 말이 생각나는 당신에게 **125**

미국의 심리학자 카너먼과 토벨스키는 다음과 같은 재미있는 실험을 했다.

피실험자에게, "만일 당신이 대통령이었다면 어느 방법을 택하겠는가?"라고 묻는다. 어떤 지역에 전염병이 창궐하여 600명이 사망할지 모를 사태가 벌어졌는데, 두 가지 구제 프로그램 가운데서 하나를 선택하는 질문이다.

● 프로그램 A: 200명의 생명을 구할 수 있다.
● 프로그램 B: 600명 전원을 구할 수 있는 가능성 3분의 1, 아무도 구하지 못할 가능성 3분의 2.

이 질문에 피실험자의 70퍼센트 이상이 프로그램 A를 선택했다.
또 다른 설문에서는 같은 프로그램을 다른 말로 표현했다.

● 프로그램 A: 400명이 죽는다.
● 프로그램 B: 아무도 죽지 않을 가능성 3분의 1, 600명 전원이 죽을 가능성 3분의 2.

그러자 이번에는 피실험자의 70퍼센트 이상이 프로그램 B를 선택했다.
물론 두 개의 설문은 내용이 완전히 똑같다. '200명을 구할 수 있다'

와 '400명이 죽는다'는 말은 똑같은 의미다. 그러나 사람들의 판단은 말의 표현에 따라 크게 달라졌다.

이러한 말의 트릭은 비즈니스 협상이나 일상생활에서도 여러 가지로 응용될 수 있다.

예를 들어, 납기일을 이틀 정도 늦추는 협상을 할 때 그날이 금요일이라면 일요일까지 늦춰줄 수 없겠느냐고 말하는 게 좋다. '이틀 후'를 '일요일까지'로 바꿔 말한 것뿐이지만, 일요일까지라고 말하면 휴일인 토요일도 쉬지 않고 일하겠다는 의지를 어필할 수 있다. 상대가 오케이 사인을 낼 가능성이 그만큼 높아질 것이다. 휴일까지 반납하고 일해주어 감사하다는 인사를 들을지도 모른다.

자신을 알아주는
사람에게 약해진다

지방의 정치인이나 공무원들은 중앙 관청을 자주 방문하여 진정도 하고 건의도 한다. 인터넷 시대에 일부러 찾아가는 것은 돈과 시간의 낭비가 아니냐는 생각도 들지만, 반드시 그렇지만도 않다.

중앙 관청의 담당자를 직접 만나 부탁하면, 심리학에서 말하는 '숙지성의 원칙'이 작용할 가능성이 있다. 흔히 '못난이도 사흘이면 눈에 익는다'라는 말을 하는데, 사람은 만나면 만날수록 상대에게 친밀감을 갖게 마련이다.

중앙 관청의 담당자는 몇 번 얼굴을 마주하고 인사를 나누는 사이에 지방의 시장이나 구청장 같은 사람에게 친근감을 느끼기 시작한다. 한 푼이라도 더 많은 보조금을 타내고 싶은 지방의 수장들에게는 반드시 필요한 일이다.

이 숙지성의 원칙을 작동시키려면 어쨌든 자주 찾아보는 것이 가장 좋겠지만, 다른 방법도 있다. 직접 만나지 않더라도 자못 상대를 잘 알고 있는 듯이 행동하는 것이다.

비즈니스 현장이라면 "며칠 전에도 회사에서 선생님 얘기를 했습니다"라는 정도로 슬쩍 운을 띄워놓는다. 회사에서 실제로 그런 말을 안 했어도 상관없다. 그런 말을 들으면 나를 잘 알고 있구나, 하는 생각을 하게 된다. 그 순간부터 숙지성의 원칙이 작동되기 시작한다.

사람은 자신을 알아주는 사람에게 약하다. '무사는 자신을 알아주는 사람을 위해 죽는다'는 말이 있듯이, 사람은 누구라도 자신을 알아주는 사람에게 호의를 느끼는 경향이 있다.

이것은 처음 만나는 상대에게도 사용할 수 있는 심리술이다. 예를 들어 마음이 통하는 것 같으면 "처음 만난 사람 같지가 않습니다"라고 말해본다. 그러면 상대는 자신을 잘 알아준다고 착각하여 호의를 느끼게 된다.

요컨대 '당신을 잘 알고 있습니다'라는 포즈를 취하는 것이 중요하다. 그 사람에 대해서 잘 몰라도 상관없다. 친밀하게 말을 걸고 오랫동안 사귄 사이처럼 허물없는 표정을 지으면 된다. 자신을 잘 알고 있다고 하는데 좋아하지 않을 사람은 없다.

 싸우고 나서 뒤늦게 할 말이 생각나는 당신에게

와~ 정말
무지개매너세요~

chapter 3

이기적이지만
나를 위해
살기로 했다

남 탓 좀 하면
세상이 무너지나?

필요한 만큼
돈을 빌리는 방법

인간의 심리를 꿰뚫고 있어서 이를 생활 속에서 적절히 활용할 줄 아는 사람은 돈을 빌려야 할 때 자신이 필요로 하는 금액보다 액수를 크게 부른다.

빌려주는 입장에서 생각해보면 그 이유를 충분히 가늠할 수가 있다. 빌려주는 돈의 액수가 작으면 작을수록 그 돈을 빌려주는 사람의 심리적인 불안감과 금전적 위험성 또한 줄어든다. 따라서 돈을 빌려달라는 이야기를 들으면 내심 그것이 적은 액수이길 바라는 것이 모든 이들의 공통된 마음일 것이다. 빌려주는 금액이 크면 클수록 그 돈이 자신의 손으로 다시 돌아올 때까지 '성말로 약속한 날짜에 갚아줄까' 하는 걱정과 불안감으로 지내야 하기 때문이다.

만약 서로 친한 사이라면 주저 없이 빌려주기도 하겠지만, 그런 경우조차 상대방의 입에서 가능한 한 최소의 금액이 나오기를 바라는 것이 솔직한 심정이 아닐까. 또한 개인과 가정마다 차이는 있겠지만 각자 빌려줄 수 있는 금액에는 한도가 있다. 이 때문에 돈을 빌릴 때, 실제로 자신이 부탁한 금액보다 더 많은 돈을 받아내는 경우는 극히 드물다.

이럴 때 활용 가능한 효과 만점의 방법이 있다. 처음에는 액수를 크게 불렀다가, 이를 거절당하면 그때 원래 필요한 금액을 부르는 방법이다. 예를 들면 이런 식이다.

"미안한데, 이번 달 월급 받으면 갚을 테니까 50만 원만 빌려주지 않겠어?"

"안 되겠는데. 나도 이번 달은 적자라고."

"그럼, 10만 원만이라도 어떻게 안 될까? 부탁해."

"10만 원이라면 어쩔 수 없지. 빌려줄게."

이 방법은 심리학에서도 인정하는 설득의 테크닉 가운데 하나로, 일반적으로 인간 심리에 정통한 사람은 이 방법을 완벽하게 몸에 익혀 능수능란하게 사용한다.

지인으로는 두고 싶지 않은
잔돈 빌리기의 달인

억 단위, 혹은 그 이상 되는 부채를 떠안고 회사가 도산하거나 개인적으로 파산하는 경우를 생각해보자.

이때 당연히 하나의 금융기관 혹은 개인에게서 억 단위, 혹은 그 이상의 돈을 빌렸을 것이라는 추측이 가능하다. 그러나 그것과는 별도로 사건 당사자는 천만 단위, 백만 단위, 십만 단위, 만 단위, 천 단위의 돈도 빌렸을 것이다. 수십 억이나 되는 거액을 움직이던 사람이라도 도산 직전의 상황에 이르면 단돈 만 원이 없어서 쩔쩔매는 일이 허다하다.

도산을 하면 채권단에서 자산을 처분하여 채권자에게 분배하는 것이 공식적인 절차이다. 그러나 이때 받아야 할 금액이 큰 채권자에게는 배당이 돌아가지만, 그 금액이 적은 경우에는 어쩔 수 없이 포기할 수밖에 없다. 정식 채권자가 아닌 사람들 가운데도 얼마간의 돈을 빌려준 사람이 적지 않을 것이다.

큰돈을 빌려달라는 부탁을 받으면 자기도 모르게 주저하는 것이 사람들의 일반적인 반응이다. 이럴 때 잔머리를 굴리는 사람은 수많은 사람들에게 저마다 소량씩의 돈을 빌린다.

예를 들어 10만 원을 빌렸다고 하자. 만일 약속한 날이 지나도 그 돈을 갚지 않으면 빌려준 사람은 당연히 이제 빌려간 돈을 갚아달라는 말을 꺼낸다. 하지만 그 돈이 만 원이라면 어떨까? 아무래도 만 원 가지고 그런 이야기를 꺼내기는 뭣하지 않을까. 본래 액수야 어찌되었건 꾼 돈을 갚으라고 상대방을 재촉하는 것 자체가 말처럼 그리 쉬운 일이 아니다. 하물며 그 액수가 푼돈 수준이라면 더더욱 말을 꺼내기가 힘들지 않겠는가.

이런 심리를 교묘히 이용한 방법이 바로 적은 액수의 돈을 빌리는 전략이다. 10만 원을 전부 한 사람에게 빌리면 그 돈은 후에 반드시 갚아줘야 하지만, 만 원씩 10명에게 나누어 빌린다고 하면 갚지 않고 넘어갈 수도 있다.

이 방법을 완전히 마스터하면, 각각 너무 많은 사람들에게 돈을 빌려서 결국 누구에게 얼마를 빌렸는지 일일이 기억하지 못하는 상태에 이른다. 이런 지경에까지 다다르면 가히 푼돈 빌리기의 달인이라 할 수 있다. 지인으로는 절대 두고 싶지 않은 사람들이지만 그들의 수법은 알고 있어야 당하지 않는다.

소문의 위력은
산 사람도 죽인다

여성지 목차에는 사람의 흥미를 끄는 제목이 가득하다. 'ㅇㅇ양, 실연으로 거식증. 배우 생명이 끝나는가!', '원앙 부부의 이혼 위기'와 같은 것들인데 사실 내용을 읽어보면 아무것도 아니다.

'로케이션에서 도시락을 남겼다'는 별것도 아닌 일을 침소봉대하여 실연에 의한 거식증이라고 떠들어댄다. 여배우가 남편에게 눈 한번 흘긴 걸 가지고 '이혼 위기'라는 기사를 만들어낸다. 그렇게 별것도 아닌 일을 스캔들로 발전시키는 것이 잡지 편집자의 테크닉이다. 아니, 그들이 월급을 받는 이유이다. 유명 스타의 세계가 아니더라도 이와 비슷한 일은 얼마든지 있다.

예를 들면, 과장과 여직원이 찻집에 같이 앉아 있는 것을 보았다고 하자. 누군가가 그 광경을 "아까 과장하고 ㅇㅇ이 커피숍에 같이 있는 것을 보았어"라고 동료에게 전한다. 이 말을 들은 동료가 그것을 다른 동료에게 전할 때는 이야기가 조금 달라진다. "과장과 ○○이 커피숍에서 속삭이며 앉아 있더래."

그 동료는 다른 동료에게 "과장과 ○○이 부적절한 관계가 아닐까"라는 식으로 확대해석하여 이야기는 점점 부풀어오른다.

소문이란 전해지는 과정에서 점점 과장되게 마련이다.

이것은 실험으로도 확인되고 있다. 심리학자 칼 메닌저는 이런 실험을 했다. 그는 킹 부인에 관한 소문을 A에서 J까지 10명의 여자에게 전화로 릴레이처럼 전달하게 했다.

A, "킹 부인이 오늘 외출을 하던데 무슨 일일까? 병원에 간 걸까?" 그 말을 들은 B는 C에게, "A부인은 킹 부인이 아픈 모양이라고 걱정하더라." C, "킹 부인이 아픈 모양이야. 큰 병이 아니면 좋을 텐데" 하고 D에게 전한다. D는 E에게 "킹 부인이 많이 아프대. 시간 나면 같이 문병 가자."

E는 F에게 "킹 부인이 아주 안 좋대. D더러 좀 와달라고 했대", F는 G에게 "킹 부인이 많이 아파서 친척들이 다 모였대", G는 H에게 "킹 부인 소식 들었어? 위독하다고 해", H는 I에게 "킹 부인이 언제 죽을지 모를 지경이래", I는 J에게 "킹 부인의 장례식에 같이 갈래요? 어제 돌아가셨대요." 마침내 킹 부인은 죽고 말았다!

고작 10명의 입으로 전해지면서 이야기는 이 지경에 이르고 만다. 이런 심리를 이용하면 별것도 아닌 소문을 부풀려 어떤 사람에게 큰 타격을 줄 수 있다. 자신이 날조한 이야기가 아니므로 아무런 심적인 부담이 없다.

예를 들면, 이유 없이 나를 괴롭히는 동료 B가 있다고 하자. 그에 대한 사소한 소문을 흘려보낸다. "B가 C에게 돈 빌리는 걸 봤어"라는 이야기다. 그 이야기는 "B는 C에게 돈을 많이 빌렸다", "B는 돈이 궁하다", "B는 여기저기서 돈을 빌리려 한다", "B는 사채업자에게 쫓기고 있다"라는 이야기로 퍼져나간다.

그런 소문이 윗사람의 귀에 들어가면 B의 이미지는 아주 나빠질 것이다. 단, 아무 말이나 지어내서는 오히려 내가 곤란해진다. 사실에 기반한, 상대의 약점을 공략하자.

안 되는 회사가
사람을 내보내는 법

안 되는 회사에서 가장 바쁜 부서는 인사과이다. 사원을 퇴출해야 하기 때문이다. 그들은 사원을 쫓아내기 위해 온갖 수단을 다 강구한다.

구조조정 대상으로 찍힌 사원은 자신의 전공 업무와 아무런 관련도 없는 한직으로 쫓겨난다. 그리고 일거리를 안 준다. 그는 이제 하루 종일 신문이나 주간지를 읽으며 시간을 죽이는 신세가 되었다. 하기야 그렇게 놀면서 월급을 받을 수 있으니 좋지 않은가 하는 생각도 든다. 그러나 그것이 회사를 그만두라는 뜻임을 본인이 모를 리 없다. 한 집단에서 귀찮은 존재로 밀려나 하루하루를 살다 보면, 자신이 정말로 무능한 인간일지도 모른다는 생각을 하게 된다. 그게 싫어서 이윽고 그 사람은 사표를 쓴다.

얼마 전까지 자신만만하게 일을 하던 사람도 이런 공격을 받으면 자신이 정말로 쓸모없는 인간이라는 생각을 하게 된다. 이것을 심리학적

용어로 '퇴행 현상'이라 한다. 퇴행 현상은 동생을 둔 아이들에게서 흔히 찾아볼 수 있다.

부모의 사랑을 듬뿍 받으며 자라고 있는 아이에게 동생이 생기면, 부모의 관심은 오로지 막 태어난 아기에게로 옮겨간다. 그러면 그때까지 혼자 옷을 갈아입고 화장실에도 가던 아이가 갑자기 오줌을 싸고, 혼자서 옷도 못 입는다.

집단에서 무능한 인간으로 내몰리는 사람에게서도 이런 현상을 찾아볼 수 있다. 한직으로 쫓겨난 사람은 자신이 그런 상태에 빠지기 전에 직장을 그만둔다고 한다. 그렇다면 이것이 라이벌을 무력화시키는 좋은 방법이 될 수 있지 않을까.

우선 상대가 하는 말을 철저히 무시해버린다. 상대가 의견을 제시하면 무조건 기각시켜 버린다. 그 사람이 어떤 일을 멋지게 처리했을 때도, 그까짓 게 뭐 별건가 하는 태도를 보인다. 그런 반응을 계속 보이면 상대는 자신감을 잃고 점점 무능한 사람으로 변해버린다. 이윽고 정말로 일을 할 기력마저 잃고 자멸하고 만다.

이 방법이 성공할 것인가는 상대의 성격에 따라 좌우된다. 외향적 성격의 소유자는 회사에서 무능력자 취급을 당해도 회사 바깥에서 스트레스를 해소하기 때문에 효과가 없다. 그 반대로 내향적 성격의 소유자는 스트레스가 점점 쌓여 당신이 원하는 대로 무너진다.

눈으로 대화의
주도권을 잡아라

대화 중에 상대의 얼굴에서 시선을 떼면 보통 '자신감이 없다'든지 '뭔가 숨기는 게 있다'라고 생각하기 쉽다. 그래서 상대의 눈을 보고 이야기하는 것이 상식처럼 되어 있다.

그러나 대화 중에 일부러 눈길을 피하는 것이 심리적으로 효과적인 경우도 있다. 논쟁을 유리하게 하기 위해 일부러 눈길을 다른 데로 돌려 상대의 마음을 흔들어서 자신이 원하는 대로 논쟁을 이끌어가는 전술이다.

논의가 한창 진행되는 중에 상대에게서 갑자기 눈길을 떼면, 상대는 '내가 뭐 잘못한 거라도 있나?' 하고 마음이 약해진다. '기분이 나쁜가?', '이상한 말이라도 한 게 아닐까?'라고 생각한다. 그때부터 상대는 의견을 마음껏 전개하지 못하게 된다.

그래서 심리적으로 우위에 서기 위해서 일부러 눈길을 돌리는 테크

닉을 구사하는 것이다.

　그와는 반대로, 눈을 뚫어져라 바라보는 것은 의도와는 다르게 이야기를 재미있게 듣고 있는 것으로 상대에게 받아들여진다. '내 이야기를 들어주네'라고 생각하여 상대는 더욱 기세를 올린다. 그러므로 논쟁에 가까운 대화를 할 때 상대의 눈을 계속 바라보는 것은 좋지 않다.

단골집으로
가자

단체 스포츠 경기를 보면 자국에서는 잘 이기는데 외국에서 하면 지는 경우가 많다. 홈에서 세계 최강의 팀과 싸워 이기는 경우도 그리 드물지 않다. 그러나 어웨이 경기에서 승리할 때 진짜 승리라 할 수 있다.

홈에서 경기하는 것이 유리한 이유가 있다. 기후나 음식이 잘 맞고, 그라운드에도 익숙하므로 당연히 유리한 경기를 할 수 있다. 또, 응원도 있다. 관객이 모두 자기 편이다. 스탠드에서 터져 나오는 응원의 함성이 자국 선수들에게 힘을 주고, 때로는 심판의 판정에도 영향을 미친다.

한편, 다른 나라에서 치르는 시합은 모든 것이 불리하다. 생소한 언어와 날씨, 관객의 일방적인 야유 속에서 시합을 하다 보면 자연히 위축되어 말도 안 되는 실수를 범하고 만다.

자신의 영역에서 싸울수록 유리한 것은 비단 스포츠의 영역에 한정되지 않는다. 비즈니스의 경우에도 마찬가지 원리가 적용된다.

예를 들면, 상대 회사의 회의실에서 대화를 나누면 필요 이상으로
긴장하게 되고 기분도 위축된다. 또한, 낯선 호텔이나 식당 등에서 접
대를 받을 때도 그렇다.

　　그렇다면 자신의 영역으로 상대를 끌어들이면 마음껏 분위기를 리
드할 수 있을 것이다.

　　커피숍 하나라도 늘 자신이 가는 단골집을 선택하는 것이 좋다. 자
신의 영역에서는 마음의 평정을 유지할 수 있고, 상대는 압박감을 받게
된다.

문제는
공론화하라

민주주의 시스템은 아주 성가시고 복잡하다. 선거도 해야 하고, 뭘 하나 결정할 때도 장시간 토론을 거쳐야 한다. 독재자 혼자서 마음대로 결정하는 체제와는 비교가 안 될 정도로 시간이나 비용이 많이 든다. 경우에 따라서는 다른 집단에 비해 굼떠 일을 제대로 진행하지 못하는 경우도 있다.

그렇다 해도 이 지구상에 민주주의보다 나은 제도는 없다고 한다. 심리적으로 봐도 민주주의에는 많은 장점이 있다. 민주주의에서는 참가자의 소속감이 강하다. 그리고 모든 사람이 토론이나 선거와 같은 의사결정의 장에 참가함으로써 그 결정 사항에 대한 책임감을 가진다.

이런 조사가 있다. 여학생을 두 그룹으로 나누어 한쪽에는 '설사를 예방하려면 손을 씻는 습관을 들여야 한다'라는 강연을 들려준다. 다른 한 그룹에게는 '설사를 예방하려면 어떻게 해야 할 것인가?'라는 주제로

토론을 벌이게 하여 '손을 씻으면 설사를 예방할 수 있다'라는 결론을 이끌어내게 한다.

그 후, 여학생의 행동을 조사한 결과 강연을 들은 그룹보다도 토론을 거쳐 결론을 내린 그룹이 손을 잘 씻었다. 유명한 의사가 일방적으로 "이러저러 해야 한다"라고 말하는 것보다 스스로 "이렇게 하는 게 좋다"라는 결론을 이끌어낸 쪽이 실천을 잘한다는 것이다.

이런 인간 심리를 활용하면 조직 속의 불만분자를 잘 컨트롤할 수 있다.

뭔가를 결정할 때 불만을 늘어놓는 인간은 반드시 토론에 참가하게 한다. 그러면 설령 자신의 의견이 받아들여지지 않더라도, 그 자리에 참가했기 때문에 노골적으로 불만을 드러내지 않는다. 하기에 따라서는 불만분자를 의사결정의 리드 역할로 바꾸어놓을 수도 있다.

미국의 루스벨트 대통령은 뉴욕 주지사였을 때 이런 에피소드를 남겼다.

당시 주 의회 의원들은 안건들을 제대로 처리하지 않는 등 일에 아무런 의욕도 보이지 않았다. 그런 현실을 타파하기 위해 루스벨트는 주 정부의 주요 포스트 인선을 독선적으로 하지 않고, 의원들 스스로 정하게 했다.

다만, 의회가 추천한 인물이 자신의 마음에 안 들 때는 여론의 반대를 이유로 내세워 받아들이지 않았다. 그런 방식으로 결국은 모든 자리에 자신의 마음에 드는 인물을 앉힐 수 있었다.

결국 루스벨트는 자신이 생각한 대로 인재를 뽑았고, 그러면서도 주 의회의 인선 과정을 거쳤기에 아무런 불만도 나오지 않았다. 의원들은 자신들이 주요 포스트를 모두 뽑았다고 '착각'했다. 그 이후로 의원들은 열심히 안건을 처리하게 되었다.

조금 귀찮은 일이긴 하지만 관계자들을 토론에 참가시킴으로써 반 발을 없애고 모든 일을 매끄럽게 진행해갈 수 있는 것이다.

나이가 들면 자연히 분별력이 생긴다?
분별력과 나이는 아무 상관없다

공자는 '나이 40세가 되면 미혹하지 아니한다'고 하여 이를 '불혹'이라 했다. 미혹하지 않는다는 것은 다시 말해 분별력이 생긴다는 뜻인데, 현실을 돌아보면 이는 당치도 않은 얘기이다. 지금 당장 주위를 한번 둘러봐도 금방 알 수 있을 것이다. 40세는 말할 것도 없고, 50, 60, 70이 되어서도 분별력의 'ㅂ'자도 갖추지 못한 사람이 태반이다.

사실 대부분의 사람들은 나이가 아무리 많더라도 유치한 면이 상당히 남아 있다. 지하철 안에서의 60대, 70대 남성의 태도를 보면 이 말이 쉽게 이해가 갈 것이다. 도덕성이 결여되었다고밖에 달리 표현할 길이 없는 중년, 혹은 노년층이 우리 주변에 넘쳐난다. 느닷없이 무지막지하게 화를 내는 그 모양새는 어린아이 못지않다.

따라서 나이가 들면 자연스레 분별력이 생긴다는 것은 잘못된 말이다. 그 사실도 모르는 사람들이 인생을 오래 산 어른이니 지레 분별력이 있겠거니 하고 이들을 대하는 것에 더 화가 난다. 분별력 없는 고령자가 많다는 사실을 알아야 한다.

다수결의 원칙을
이용하라

스포츠 시합을 보러 가면 관객석에서 파도타기 응원을 할 때가 있다. 끝자리 관객부터 순서대로 두 손을 올리면서 일어섰다가 바로 손을 내리고 자리에 앉는다. 멀리서 보면 마치 파도처럼 보인다.

그 가운데는 파도타기 응원에 참가하고 싶지 않은 사람도 있을 것이다. 그러나 그 사람도 관객들이 차례대로 일어서서 파도를 만들고, 자신의 순서가 다가오면 어쩔 수 없이 자리에서 일어선다. 일어서지 않으면 다른 사람에게 비난 섞인 눈길을 받을 것 같기 때문이다. 그런 상황 속에서는 하고 싶지 않아도 주위에 맞추어 즐거운 표정을 지을 수밖에 없다.

이렇게 다른 사람들에게 슬그머니 동조하는 마음의 움직임은 다음과 같은 실험으로 확인되고 있다.

대학생들에게 심리 실험에 협조를 구하면서 바람잡이를 넣어두고,

'이런 요청을 하면 손을 들라'고 해둔다. 그리고 다른 실험 그룹에는 바람잡이를 넣지 않았다.

그 결과 바람잡이를 넣어둔 그룹에서는 바람잡이가 없는 그룹의 배 이상으로 협력자가 나왔다. 바람잡이가 손을 들자 다른 학생들도 따라 손을 든 것이다.

이런 심리 효과를 이용하면 반대의견을 가진 사람을 자신의 뜻대로 조종할 수 있다.

회의 자리에서 자신과 반대의견을 가진 사람이 있을 것 같다면 다른 사람들에게 미리 부탁해서 자신의 의견에 찬성하도록 해둔다. 주위가 모두 찬성하여 회의가 매끄럽게 진행되기 시작하면, 반대하고 싶은 사람은 감히 혼자 나서지 못한다.

미리 내 편을
만들어라

인간이란 대체로 남들처럼 해야 마음이 놓이는 동물이다. "우리 반 애들은 다 가지고 있어"라고 하면, 부모는 어쩔 수 없이 아이가 원하는 것을 사주고 만다.

논리적 사고가 아직 발달하지 못한 어린아이들은 다른 사람의 행동을 가지고 정당성을 판단하는 기준으로 삼는다. 인간은 나이를 먹어도 이런 어린 시절의 성격을 그대로 가지고 있다. 그래서 일반적인 상식에서 벗어나기를 싫어한다. 군중은 늘 똑같은 행동을 한다. 그것이 그들의 정의이기 때문이다.

미국의 한 심리학자가 이런 실험을 했다.

세 명의 피실험자에게 빛의 자동운동을 보여주고, 어느 정도 움직였는지 보고하게 했다. 어둠 속에 떠오르는 빛의 한 점을 가만히 보고 있노라면 이윽고 빛이 상하좌우로 움직이는 듯한 감각에 사로잡힌다. 이

것을 빛의 자동운동이라고 하는데, 그 움직임의 길이와 폭을 말하게 하는 실험이다.

빛을 보여준 다음, 세 사람을 각각 다른 방에 들어가게 하고 그 폭과 길이에 대해 묻는다. 그 대답은 세 사람 다 달랐다. 그런데 세 사람을 같은 방에 넣어서 길이를 물으면 세 사람의 의견은 처음과 달라진다.

길다고 말했던 사람은 '혹시 더 짧았는지도 모른다'는 생각을 하게 되고, 짧다고 대답했던 사람은 '혹시 더 길었을지도 모른다'고 자신의 의견을 수정하기 때문에 결국 세 사람의 의견이 똑같아진다. 다른 사람과 다른 의견을 말하고 싶지 않다는 생각이 자신이 경험한 내용마저 바꾸어버리는 것이다.

심리학에서는 이것을 '동조 행동'이라고 하는데, 이 원리를 활용하면 사람의 의견을 간단히 조절할 수 있다. 상대의 의견을 바꾸어놓고 싶으면 "그 의견은 다른 사람들과 달라요. 다른 사람들은 이렇게 말하는데요"라고 하면 된다.

예를 들어, 반대의견을 내세울 것 같은 사람이 있으면 그 사람이 없을 때 미리 결론을 내려둔다. 나중에 결정된 사항을 보고하고, 거기에 대해 반론을 펼칠 것 같아 보이면 "다른 사람은 모두 찬성했어요"라고 말한다. 당연히 상대는 입을 다물어버린다.

은밀히 의견을 조절할 때도 마찬가지다. 찬성하는 사람끼리 말을 맞추어두고, 다루기 어려운 사람에게는 나중에 가서 "모두 이렇게 찬성했습니다"라고 하면 찬성을 이끌어내기 쉽다.

다수를 상대할 때는
각개격파가 답이다

1:10, 1:100의 싸움에서는 당연히 1이 진다. 그러나 의견을 관철하는 경우에는 수가 많은 쪽이 반드시 이긴다는 법은 없다. 하기에 따라서는 오히려 1이 유리할 때도 있다.

이런 일이 있었다. 모 대형 슈퍼마켓 경영자가 지점을 낼 때였다.

대형 슈퍼마켓이 진출하면 반드시 지역 시장과 충돌하게 마련이다. 대형 슈퍼마켓과 지역 시장은 가격 면이나 상품 종류에서 경쟁이 안 된다. 지역 손님의 대부분이 대형 슈퍼마켓으로 흘러들면, 그나마 현상 유지에 급급하던 지역 상가는 그냥 주저앉고 만다. 따라서 지역 경제도 곤두박질치고 말 것이다.

그러므로 당연히 대형 슈퍼마켓 진출을 반대하는 운동이 일어난다. 그럼에도 경영자는 반대 운동을 물리치고 진출에 성공했다. 성공 요인은 묘한 곳에 있었다. 지역의 반대파가 다수임에 반해 슈퍼마켓 측은

경영자 한 사람뿐이었다는 것이다. 의사결정이 빨랐기 때문이다.

결정권자가 한 사람일 때는 마음대로 결정할 수 있다. 거기에 비해 반대파는 다수이기 때문에 반대하는 이유도 다양하다. 절대반대파도 있는가 하면, 조건에 따라 받아들이겠다는 사람도 있다. 그 가운데는 보상금을 목적으로 하는 사람도 있다.

그런 가운데 반대파는 서로를 의심하기 시작하여 점점 의견이 분열되었다. 슈퍼마켓 측은 그런 혼란을 틈타 하나하나 각개격파를 해나갔다.

다수파에게는 그런 약점이 있다. 일견 다수파가 강한 것처럼 보이는 것은 숫자가 많다는 단 하나의 이유 때문이다. 다수파도 한 사람 한 사람이 모여 구성되므로 무작정 두려워할 필요는 없다. 오히려 하나로 뭉쳐 있지 않기 때문에 분열되기 쉽다.

여러 사람의 의견을 듣다 보면 서로 견해 차이가 크다는 것을 알 수 있다. 그런 빈틈을 치고 들어가면, 다수라도 서로의 생각이 서로 충돌하여 저절로 무너지는 경우가 많다. 그렇게 되면 다수파가 아니라 그냥 오합지졸이다. 자신의 의견을 손바닥 뒤집듯 바꾸어버리는 사람이 많은 것이다.

때로는 '공공의 적'이
필요하다

초 · 중 · 고등학교의 집단폭력은 옛날과 그 양상이 많이 달라졌다고 한다. 그 가운데서도 특히 소위 왕따라는 집단 따돌림을 당하는 아이의 타입이 많이 달라졌다.

예전에는 성격이 음울해 남과 잘 어울리지 못하고 혼자 떨어져 있는 아이가 집단 따돌림의 대상이 되었다. 그런데 지금은 딱히 정해진 타입이 없다. 어제까지 사이좋게 지낸 아이를 갑자기 따돌림의 대상으로 삼아버린다.

아이들에게 왜 그 아이를 괴롭히느냐고 물어보면 대답은 이렇다.

"잘 몰라요."

누군가를 괴롭히지 않으면 자신이 괴롭힘을 당할 것 같아서라는 것이 이유라면 이유이다. 기가 찬 이야기지만 따지고 보면 이것 또한 자신을 방어하기 위한 하나의 처세술이라 할 수도 있겠다.

이기적이지만 나를 위해 살기로 했다

인간은 공통의 적을 가질 때 하나로 뭉치기 쉬운 심리적 경향이 있다. 집단으로 폭력을 가할 '적'을 만들어두면, 저들끼리는 사이좋게 지낼 수 있다.

이것은 인간의 내면에 들어 있는 '동조의 심리'와 관련되어 있는 것 같다. 남과 같은 행동을 취하고 싶다, 많은 친구를 두고 싶다는 보편적인 심리이다.

이런 동조의 심리는 공통의 적이 있는 경우에 잘 작동한다. 윗사람이라는 공통의 '적'에 대해 욕을 함으로써 동료끼리 사이좋게 술을 마시는 것도 이런 심리에서 비롯된다. 동급생을 괴롭히는 학생도 이런 심리적 메커니즘을 무의식적으로 활용하고 있다.

이런 심리를 의식적으로 활용하면 마음에 안 드는 상대도 자기편으로 만들 수 있다.

예를 들면, 새로 부임해온 동료와 도무지 마음이 안 맞는다고 하자. 그렇지만 같은 프로젝트를 진행해야 한다.

그럴 때는 다른 부서나 다른 회사에 공통의 '적'을 만들면 된다. "이 프로젝트에 실패하면 우리 과는 다른 과에 흡수되고, 우리는 구조조정의 대상이 되고 만다"라고 말한다. '적의 적은 동지'라는 말이 있다. '적'을 미워하는 마음이 있으면 다소 마음에 안 드는 상대도 동조하게 되는 것이다.

인간은 대상을 분류할 때 그것이 물건이건 사람이건 자연이건, 둘로 나누는 것을 가장 간편하게 여긴다. 서넛, 쉰, 천, 만으로 분류하는 것보다 이거 아니면 저거로 나누면 너무 간단하고 편리하다. 복잡하게 머리를 굴릴 필요도 없다. 아마 인간의 두뇌 구조가 그렇게 되어 있어서일 것이다.

그것은 인간의 두뇌가 만들어낸 컴퓨터가 이진법을 쓴다는 것만 봐도 알 수 있다.

독불장군을
이기는 법

조직에서 일하려면 어느 정도 협조성이 필요하다. 그러나 그 가운데는 협력정신이 부족하여 조직에서 돌출되는 인물이 있다.

혼자서 돌발적인 행동을 하거나 상사나 선배의 말을 잘 안 듣는다. 그런 사람들은 이런 심리를 가지고 있다. '별 볼 일 없는 저런 놈들과 같이 일하는 것보다는 혼자서 하는 게 나아.' 대체로 이런 사람일수록 별로 실력이 없다. 혼자서 고고한 척하는 독불장군일 뿐이다.

개인주의가 철저한 미국이라면 또 모를까, 전체의 화합을 중시하는 동양 사회에서는 이런 사람이 한둘만 있어도 조직의 분위기가 나빠진다. 이런 사람을 교정하는 방법은 '고립의 불안'을 조장하는 것이다.

미국의 사회심리학자 샤크터는 "인간은 불안한 상황에 빠질 때 그 불안을 다른 누구와 공유하고 싶어 한다"라고 말했다.

따라서 고립의 불안감을 주어 누군가에게 의지하지 않을 수 없도록 만들어야 한다. 혼자 있는 게 더 낫다고 말하는 사람도 실제로 고립되면 불안을 느낀다. 특히 기업에서 살아남기 위해서는 어느 정도의 정보가 필요하기 때문에 완전히 고립되면 버텨낼 수가 없다.

돌출행동을 하는 독불장군에게는 고립의 불안을 느끼게 하자. 모두 알고 있는 정보를 그에게만 알리지 않는다. 나중에 이러저러한 정보를 알고 있느냐고 물어본다. 그러면 그는 자신만 몰랐다는 것을 알고 고립의 불안감에 사로잡힌다.

그 순간 더욱 불안의 코너로 몰아가는 발언을 한다. "요즘 자네에 대한 평판이 좋지 않아", "분위기가 좋지 않게 돌아가고 있어"라는 말을 해둔다. 이런 불안한 상황이 며칠 계속되면 그도 누군가 의지할 사람을 찾게 되는 것이다.

그런 한편으로 "내가 다른 사람들에게 한번 말해볼게", "또 무슨 일이 있으면 알려줄게"라는 식으로 호의를 보인다. 그러면 외로운 그는 그런 말을 해주는 사람에게 의지하게 된다. 그 사람은 이제 당신의 말에 얌전하게 귀를 기울일 것이다. 그 이후로 그의 언동을 컨트롤하는 데는 아무런 문제가 없다.

문제를 해결할 수 있는
최선의 방법

미국의 초대 대통령 워싱턴이 어린 시절에 벚나무 가지를 자른 유명한 이야기가 있다. 워싱턴은 가지를 자른 것을 솔직히 인정하고 사죄했고, 그 정직함이 아버지에게 평가받았다는 이야기다.

그러나 이 이야기는 도덕 문제만을 다루는 건 아니다. 인간 심리를 이해하는 데 좋은 단서를 가지고 있다. 실패나 실수를 범했을 때는 솔직히 사과해야 한다. 그것이 남에게 좋은 평가를 받는 요령이다.

다음과 같은 심리 실험이 있었다.

피실험자에게 조수를 붙여주고 어떤 과제를 해결하게 한다. 그때 조수가 일부러 실수를 하여 주어진 과제를 잘 수행할 수 없게 한다. 그 결과 피실험자는 실험자에게 나쁜 평가를 받게 되는 상황을 설정해둔다.

그런 다음 조수는 다음과 같은 네 가지 패턴의 행동을 한다.

① 피실험자와 실험자 앞에서 자신의 실수를 사과한다. 그래서 실험자는 과제를 수행하지 못한 것이 피실험자의 책임이 아니라 조수 탓이라는 것을 알게 된다.

② 실험자가 없는 곳에서 피실험자에게만 사과한다. 이 경우 실험자는 조수의 잘못을 모르므로 피실험자에 대한 나쁜 평가는 변하지 않는다.

③ 조수가 실수를 사과하지 않는다. 다만, 실험자가 조수의 실수를 발견하고, 과제를 수행하지 못한 것이 피실험자의 책임이 아니라는 사실을 나중에 안다.

④ 조수는 사과하지 않고, 실험자도 조수의 실수를 모른다. 그래서 피실험자에 대한 평가는 낮다.

이상의 실험을 한 후 피실험자에게 조수의 실력에 대한 평가를 내리게 한다.

①, ②처럼 조수가 사과를 한 경우, 조수는 높은 평가를 받는다. 피실험자 자신이 좋은 평가를 받았는가 못 받았는가는 아무런 문제가 아니었다. ③, ④처럼 사과하지 않은 경우는 설령 피실험자에 대한 평가가 좋았다 하더라도 조수를 낮게 평가했다. 즉, 피실험자는 자신이 생각보다 좋은 평가를 받았느냐가 아니라, 조수가 사과를 했느냐를 염두에 두었다.

어떤 문제가 발생했을 때는 자신의 잘못을 솔직히 인정하고 사과하

는 태도를 가져야 한다. 사과하면 나중에 불리해지는 건 아닐까, 자존심이 허락하지 않는다는 등의 이유로 사과하지 않는 사람이 있는데, 현실적으로 올바른 태도가 아니다.

잘못을 인정하고 사과하면 상대의 불만을 누그러뜨릴 수 있다. 공손하고 성실하게 자신의 실수에 대해 설명하면 상대도 불쾌한 마음을 억누르고 차분히 들어줄 것이다.

미국 정부가 시위대용 화장실을 설치한 이유

아기가 울 때는 반드시 무슨 이유가 있다. 배가 고프든지, 기저귀가 젖었든지, 잠이 오든지. 그래서 분유를 먹이거나 기저귀를 갈아주고 눕히면 울음을 뚝 그친다.

생리적 욕구를 만족시켜주면 울지 않는 셈인데 이건 어른도 마찬가지다. 생리적 욕구가 충족되지 않으면 기분이 나빠진다. 배가 고프거나 잠이 부족하면 초조해지고 괜히 짜증이 난다.

그런 인간 심리를 미국의 관료들은 잘 인식하고 있다. 미국에서 반전 데모가 들불처럼 번져나갈 때, 정부는 시위대에 대해 묘책을 시행했다.

워싱턴 광장에서 대규모 반전 데모가 벌어지기 전날 시위대를 위해 광장 주변에 간이화장실과 수도시설, 공중전화 등을 설치한 것이다. 또한, 텔레비전이나 라디오를 통해 "내일 10시부터 집회가 있으니 오늘

밤은 빨리 잡시다. 아침에 일어나서 충분히 식사를 하도록 합시다"라는 방송을 했다.

시위대의 생리적 욕구를 만족시켜 조금이라도 불만을 줄이려는 전략이다.

미국 정부가 치르는 전쟁에 분노하여 모여드는 사람들이 아닌가. 그들은 투지에 불타고 있다. 그런 참에 배까지 고프고 잠이 부족하면, 또는 화장실에 가고 싶은데 가지 못하면, 분노가 일거에 폭발하여 어떤 사태가 벌어질지 모른다.

이런 사전 준비가 효과를 발휘하여 다음 날의 데모는 큰 혼란 없이 끝났다. 당국의 작전이 승리한 것이다.

불만을 가진 상대와 교섭할 때는 먼저 상대의 생리적 욕구를 만족시켜주는 게 좋다. 긴 시간 교섭을 벌이면서 생리적 욕구를 해소하지 않으면, 서로 마음이 급해져 대화가 좋은 방향으로 나아갈 수 없다. 상대가 의자를 박차고 일어나면 그 교섭은 끝났다고 봐야 한다. 그런데 자세히 들여다보니 화장실에 가고 싶은 충동 때문에 교섭을 파탄시켜버렸을 가능성이 더 크다.

교섭이 길어질 때나 상대가 배고플 시간이 오면 일단 교섭을 중단하고 식사를 하자. 배가 부르면 분노와 투쟁심은 누그러든다.

상황을 바꾸는
술과 음식

남과 친해지려면 식사를 같이 하거나 술을 마시면 된다. 실제로 식사나 술을 같이 하면 마음의 문을 여는 효과가 있다. 식사를 할 때는 긴장을 풀고 상대에 대한 경계심을 거두어들인다.

이것은 의견에 대해서도 마찬가지다. 식사 중에 들은 의견은 배가 고플 때 들은 의견에 비해 받아들여지기 쉽다는 실험 결과가 있다.

미국의 심리학자 제니스가 이런 실험을 했다. 피실험자에게 두 가지 테마에 대한 논문을 읽게 했다. 이때 피실험자는 '간식을 먹으면서 읽는' 그룹과 '먹지 않고 읽는' 그룹으로 나뉜다. 논문의 테마는 다음과 같았다.

① 암 치료는 몇 년 후에 가능할까.
② 미군의 규모는 어느 정도가 적당할까.

이기적이지만 나를 위해 살기로 했다

각 논문의 내용은 피실험자가 원래 가지고 있는 견해와는 대립되는 것이다. 그들이 논문을 읽은 후 어떻게 의견을 바꾸는가를 조사했다. 그 결과 모든 주제에 대해서 과자를 먹으면서 읽은 사람이 견해를 바꾸는 경우가 많았다. ①에서는 아무것도 먹지 않고 읽은 사람의 62퍼센트가 의견을 바꾼 데 비해, 과자를 먹으면서 읽은 사람은 81퍼센트가 의견을 바꾸었다. ②에서는 아무것도 먹지 않은 사람의 43퍼센트가 의견을 바꾸었고, 과자를 먹은 사람의 67퍼센트가 의견을 바꾸었다.

사람이란 뭔가를 먹으면서 설명을 하면 잘 받아들이는 경향이 있다. 여기에 술이 곁들어지면 더 말할 것도 없다. 평소에 자신의 본심을 잘 드러내지 못하고, 다른 사람과 대화를 잘 나누지 못하는 사람이 있다. 그러나 이런 사람도 술이 들어가면 개방적인 성격으로 바뀐다. 술을 마시면서 다정하게 어깨동무를 한 채 대화를 나누게 된다.

깊은 대화를 나눌수록 서로의 생각을 잘 이해할 수 있다. 식사와 술은 대화와 설득을 한층 부드럽고 긍정적으로 만들어주는 힘을 가지고 있다. 상대를 설득하려면 편한 식사자리나 술자리로 이끌고 가야 한다. 그것만으로 상대를 설득할 가능성은 높아진다.

좋은 이야기와 나쁜 이야기, 무엇을 먼저 말할까

화장실 갈 때 마음하고 나올 때 마음이 다르다는 말이 있다. 연애할 때는 그렇게 상냥하던 사람이 결혼을 하고 나서 갑자기 태도를 바꾸는 경우가 많다.

연애시절에는 매주 토요일만 되면 고급 레스토랑으로 데려가고, 헤어스타일이나 옷차림 하나만 바뀌어도 입이 마르게 칭찬하지 않았던가.

그런데 지금은 어떤가. 평일이면 매일 야근을 핑계로 술에 취해 늦게 들어와서는 그냥 잠들어버리고, 토요일이면 집에서 뒹굴뒹굴 잠만 잔다. 아무리 화사하게 화장하고 헤어스타일을 바꾸어보아도 본 척도 않는다.

그런 남편의 태도를 보고, "내가 무슨 가정부냐!"고 화를 내며 친정으로 돌아가 이혼을 고민하는 여자도 있다. 그제야 남자는 깜짝 놀라 바쁘게 뛰어다니며 사후 처방에 정신이 없다.

여자의 심리를 모르는 남자가 흔히 범하기 쉬운 '작전 실수'에서 비롯되는 일들이다.

결혼한 뒤 남자들은 흔히 말한다. 현실은 연애가 아니라고. 돈이 없으면 세상을 살아갈 수 없으니 어쩔 수 없는 일이라고. 그러니 가정에 소홀하더라도 넓은 아량으로 이해하라고.

그러나 여자는 결혼 전에 그런 이야기는 단 한 번도 들어보지 못했다. 그러니 남편의 태도가 180도 바뀌는 것에 어느 누군들 섭섭하지 않을까.

어떤 남자는 결혼 전에 미리 이런 말을 해둔다.

"나도 결혼한 후에는 아버지처럼 회사에 충성하는 사람이 될 거야."

"우리 회사는 결혼한 사람을 더 많이 부려먹어."

이렇게 결혼 후의 핸디캡에 대해 미리 말해두면, 여자도 각오를 하고 결혼을 하기 때문에 결혼 후의 힘든 생활도 이해하고 견뎌낼 수 있다.

미리 부정적인 정보를 접하면 마음의 준비를 해두기 때문에 힘든 현실 앞에서도 실망하지 않는다. 심리학에서는 이것을 예방접종에 비유하여 '접종이론'이라고 한다.

비단 남녀 간의 문제만이 아니다. 비즈니스에서 먼저 긍정적인 정보를 주었다가, 나중에 부성적인 정보를 주면 일이 틀어진다. 이건 보편적인 인간 심리이다. 나중에 부정적인 정보를 주면 "왜 미리 말하지 않았느냐, 누굴 속일 생각이냐" 하고 정색을 할 것이다. 이래서는 비즈니스가 잘될 리 없다.

그렇다면 먼저 부정적인 정보부터 주도록 하자. 다만, 해결책까지 곁들여서. 그러면 상대는 오히려 이쪽을 신뢰하게 될 것이고, 그것이 비즈니스의 성공으로 이어질 것이다.

뻔뻔한 부탁을
받아들이게 하는 법

거리 모금을 해보면 지나가다가 모금함을 보고 바로 그 앞에 멈춰 서서 돈을 넣는 사람은 거의 없다. 대부분은 못 본 척하고 잰걸음으로 모금함 앞을 그냥 지나치려 한다.

그러나 모금원이 "단돈 100원이라도"라고 하면, 발걸음을 멈추고 잠깐 생각해본다. 요즘 세상에 100원으로 살 수 있는 물건은 거의 없다. 그렇기 때문에 100원이라는 말을 듣고 동정심을 일으킨다.

그리고 일단 모금함 앞에 서게 되면 '100원으로 뭘 할 수 있어'라는 생각을 하게 된다. 그래서 자연스럽게 1,000원, 5,000원을 넣는 것이다.

'100원'이라는 사소한 숫자를 들으면, 누구든 기부에 대한 심리적 저항감이 약해지게 마련이다. 일단 심리적 저항감만 줄어들면 모금함에 돈을 넣어야겠다는 생각이 자연스럽게 일어난다.

이것은 실험으로 확인된 사실이다. 미국의 챌디니와 슈뢰더는 이런 실험을 했다. 암협회에서 나왔다고 하면서 남녀 한 쌍이 가정을 방문해 기부를 요청한다. 이때 두 가지 대사를 사용했다.

"조금이라도 기부해주시지 않겠습니까?"

"1센트라도 좋으니 기부해주시지 않겠습니까?"

이런 방식으로 각각 42가정을 방문한 결과, 다음과 같은 차이가 나타났다.

- 전자: 기부에 응한 가정 12가구, 전체의 29퍼센트. 기부금 18달러 55센트. 1가구 평균 1달러 54센트.
- 후자: 기부에 응한 가정 21가구, 기부금 30달러 34센트. 1가구 평균 1달러 44센트.

1가구당 기부금액에는 큰 차이가 없지만, 기부에 응한 가구 수는 두 배나 된다. 이것은 "1센트라도"라는 말이 기부에 대한 심리적 저항감을 줄여주었기 때문이다.

그 다음에 "1달러라도"라는 대사로 실험해보았다. 그 결과 "1센트라도"라고 말한 경우에 비해 기부에 응한 가구 수는 많이 줄어, "조금이라도"와 거의 같은 결과를 보였다.

이것은 '1달러'라는 금액이 심리적 저항감을 줄여주지 못했다는 말이다. 따라서 'ㅇㅇㅇ라도'라는 말을 할 때는 금액을 작게 해야 한다.

물론 이것은 금액 외의 경우에도 적용된다.

좋아하는 사람에게 갑자기 데이트를 하자고 하면 상대는 경계하고 말 것이다. 처음에는 "같이 점심이라도", "같이 커피라도 한잔"이라고 낮은 단계에서 시작하는 것이 심리적 저항감을 줄이기에 좋다. 그러다 보면 저녁식사, 영화, 드라이브로 발전해나가는 것이다.

개성 있고 좋잖아?
조화 또한 중요하다

현대 사회는 개성을 존중하는 시대이다. 그래서인지 뭐든 남과 조금이라도 다른 점이 있으면 그것은 무조건 개성이 된다. 말인즉슨 발에 무좀이 있는 것도 개성 취급을 받는다고나 할까.

개성이란 '한 개인, 한 개체를 다른 사람, 다른 개체와 구별 짓는 고유의 특성'이다.

과거에는 개성이라는 단어 그 자체만으로도 빛을 발했던 시절이 있었지만, 최근 들어서는 그 의미가 애매모호하게 변질되어버렸다. 키가 큰 것도 개성이요, 작은 것 또한 개성, 붉은색 머리칼도, 얼굴이 못생긴 것도, 뭐든지 다 개성이다.

현대 사회에서 살아가기 위해서는 개성이 중요한 요소라고들 하지만 사실은 정반대이다. 개성적인 것도 좋지만 다른 사람과 같은 생각을 하고, 같은 태도를 취하는 것이 보다 효율적인 사회생활을 위한 필요충분 조건이 아닐까. 개성적인 것이 통용되는 것은 프리랜서의 세계에서일 뿐이며, 그것 또한 실력으로 인정받은 뒤의 이야기이다.

미워하는 상대에게
지지 않는 법

만약 살의를 느낄 정도로 증오하는 대상이 있다면 말로써 그 욕구를 대신해보자.

상대방이 꼼짝 못하는 말로 계속 추궁하면 그는 정신적으로 궁지에 몰릴 것이며, 회생이 불가능할 정도로 큰 타격을 입을 것이다. 경우에 따라서는 상대방이 우울증에 걸리는 일도 있을 것이고, 더 나아가서는 심신이 탈진상태에 빠질 수도 있다.

그것이 가능한 이유는, 이 방법은 유전자 법칙을 기초로 하고 있기 때문이다. 최근 유전자 연구에 의하면 생각은 유전자도 변형시킨다고 한다. 이 유전자 법칙을 이용하여 상대방이 자신감을 잃도록 몰아가면 된다.

상대방이 '나는 남의 원한이나 사는 나쁜 인간이다' 혹은 '나는 살 가치가 없는 인간쓰레기다'라는 생각을 하기 시작하면 당신의 승리가 눈앞에 다가왔다 해도 과언이 아니다.

어느 소설에, 일개 회사원이었던 주인공이 정계 비리에 휘말려 정리해고의 희생양이 되고, 끝내는 자살이라는 극단적인 선택으로 내몰리는 장면이 있다. 기업은 정리해고 후보인물을 책상도, 전화도 없는 지하실에 앉혀놓고는 그 사람에게 정신적인 고통을 가했다.

스스로 자살을 택할 수밖에 없을 만큼 고통스런 상황으로 사람을 내몰다니, 이는 현실과는 동떨어진 전혀 다른 세계의 이야기라고만 생각해왔다. 아무리 소설이라 해도 같은 인간인 기업경영자가 그것을 지시하고 평범한 샐러리맨이 이를 실행에 옮기는 것은 끔찍한 일이다.

최근 들어 우울증 환자가 늘고 있으며, 자살을 시도하는 사람의 수도 증가하고 있는 추세이다. 심리학 전문가의 말을 빌리면 정리해고에 내몰려 우울증에 빠지고 끝내는 자살을 선택하는 케이스가 실제로 많다고 한다.

살의를 느낄 만큼 증오하는 대상이 있다면 소설 속에서 기업이 사원을 정리해고하듯 그 사람에게 정신적인 고통과 압박을 가할 방법을 기억하라. 즉, 상대방을 철저하게 고립된 상태에 가두어두는 것이다.

사람은 계속 매도를 당하면 처음에는 반발하지만 차츰 반발할 기력마저 잃고 만다. 그리고 자신감까지 상실하고는 정신적인 고통 속으로 끝없이 추락할 것이다.

상식이 통하지 않는
상대를 만났다면

만일 당신이 불합리한 일을 당했다면 어떻게 대처해야 할까. 답은 간단하다. 상대방의 급소를 찌르는 것이다.

예를 들어 업무상 외국인과 함께 일을 해야 하는 경우, 상대방이 자꾸만 계약 조건에 위배되는 사항을 요구해온다면 어떻게 해야 할까?

"천만 원으로 이미 서로 협의한 사항 아닙니까. 그것을 이제 와서 500만 원으로 하자는 건 너무하다고 생각하지 않으십니까?"라고 아무리 정론을 피력해도 통하지 않을 때가 있다. 상대방은 거짓말과 변명으로 교묘하게 무장하고 있기 때문이다. 그러다 결국 쟁점은 처음과는 전혀 다른 방향으로 틀어지고 만다.

이런 사람에 대한 대처법으로는 그의 가장 큰 약점을 찾아내어 결정적인 순간에 정곡을 찌르는 수밖에 다른 도리가 없다.

"대학 동기가 출입국관리사무소에서 일한다"라든지 "친구가 국세청

공무원이다"라는 말만 슬쩍 흘려도 된다.

부정한 방법으로 국내에서 사업하는 외국인이라면 정부기관에 요주의 인물로 등록되는 것을 무엇보다 두려워할 것이므로 이를 이용하는 것이다.

"어찌 되었건 이번 일은 그쪽에 알리는 게 좋겠습니다. 그러니 주소를 알려주시겠습니까?"

분명 상대방은 겁에 질려 갑자기 태도를 바꿀 것이다.

"당신, 김 부장과 친하죠? 이 일에 대해 김 부장에게 얘기할 생각입니다."

이처럼 특정 사실에 대해 상대방이 '가장 알리고 싶지 않은 사람'이 누구인지 알아내어 이를 이용해 완곡하게 협박을 가하는 방법도 있다.

상대의 약점을
직접 언급하라

대체로 사람들은 진짜 마음속으로 생각하고 있는 것은 정작 입 밖에 꺼내지 않는다. 진실을 말하면 그것으로 관계는 끝나버리며, 진실을 함부로 말해서는 안 된다는 사실은 누구나 성장 과정 속에서 자연스레 체득해온 것이다. 그렇다고 해서 거짓말을 하는 것은 아니다. 진실도 아니고 그렇다고 거짓도 아닌, 그 중간쯤 걸친 영역이 된다.

그만큼 어린아이나 세상 물정 모르는 사람은 무서운 존재이다. 그들에게는 진실을 말하면 모든 게 끝이라는 인식이 없어, 머리에 떠오르는 것들을 모두 말로 표현하기 때문이다. 어린아이나 세상 물정에 어두운 사람의 이런 득성을 이용하여 의식적으로 진실을 발설하는 것도 선수들의 지혜라고 할 수 있다.

예를 들어, "자네는 매사에 너무 미지근해. 그래서 하는 일도 그저 그렇고 여자들한테 인기도 없는 거야" 하고 대놓고 속마음을 얘기해보라.

얄미운 과장에게도 "과장님은 능력은 있으신데 여자들한텐 별로 인기가 없으시죠?" 하고 말한다. 그러면 회사 동료들도 그런 당신을 위험 인물로 여겨 주목할 것임에 틀림없다. 우리 주변에는 진실은 감춘 채 자신에게 해가 되지 않을 만한 이야기만 하면서 무난하게 살아가고자 하는 사람들뿐이니 말이다.

인간은 아무리 자신에 대한 거짓말이 여기저기 퍼진다 한들 어지간해서는 상처받지 않는다. 그러나 진실, 혹은 진실에 가까운 이야기를 대놓고 듣거나 소문이 여기저기로 흘러 들어갈 때는 마음에 심한 상처를 입는다.

단, 요즘은 잘못된 말 한마디라도 모욕을 당했다, 인권 침해라며 고소하는 시대이다. 원치 않는 원성을 사서 주변에 적을 만들 수도 있기 때문에 적당한 수위를 정한 후에 실행에 옮겨야 한다.

이기적이지만 나를 위해 살기로 했다

무조건 다 말해줄
필요는 없다

대형서점 직원의 말에 따르면, 고객이 책의 내용을 물을 때 대답하는 요령이 있다고 한다.

"지금 잘 팔리고 있고 평판도 좋습니다"라고 하면 의외로 잘 사지 않는다고 한다.

"남자들에게는 별로지만 여자들에게는 인기가 있습니다", "전문서로는 좀 약한 편이지만 입문서로는 좋습니다"라는 식으로 부정적인 정보까지 곁들이면 의외로 잘 산다고 한다.

결점도 곁들여 설명하는 쪽이 잘 팔린다니 좀 이상하다 싶지만, 이것은 보편적인 인간 심리에 잘 들어맞는다. 맥가이어와 패퍼션스라는 심리학자는 이런 실험을 했다.

맥가이어는 일리노이의 대학생을 두 그룹으로 나누어 다음과 같은 문장을 읽게 했다.

A: 식후에는 반드시 이를 닦아야 한다. 질병을 미리 발견하려면 정기검진을 받아야 한다.

B: 식후에는 반드시 이를 닦아야 하지만, 너무 자주 닦으면 이가 상할 수도 있다. 질병을 미리 발견하려면 정기검진을 받는 게 좋지만, 경우에 따라서는 아무 소용이 없다.

A는 긍정적인 정보만 주었고, B는 부정적인 정보도 곁들였다.

두 문장을 읽게 한 다음 감상을 묻자, 두 그룹의 학생 대부분이 식후에는 이를 닦아야 한다는 내용에 찬성했다.

문제는 그 다음이다. 이틀 후, 두 그룹에게 이틀 전에 그들이 읽었던 내용에 대한 반론을 들려주고 의견을 물었다. 그랬더니 첫날 부정적인 정보를 대했던 그룹은 자신의 의견을 그대로 유지했지만, 부정적인 정보를 제공받지 못한 그룹에서는 자신의 의견을 바꾸는 학생이 많았다.

처음부터 부정적인 정보를 접했던 학생들은 그것을 알면서도 찬성하는 입장을 취했기 때문에 마음을 바꾸지 않았다. 그러나 긍정적인 정보만 제공받았던 학생들은 간단히 자신의 의견을 바꾸었다. 즉, 인간이란 처음부터 부정적인 내용도 알아야 확고한 의견이나 판단을 내리게 된다는 것이다.

제2차 세계대전 말기에 미 육군 정보교육부가 피실험자를 교육 수준이 높은 그룹과 낮은 그룹으로 나누어 정보에 대한 신뢰도를 비교해 보는 실험을 했다. 긍정적인 정보만 준 경우와 부정적인 정보도 함께

준 경우 가운데 어느 쪽을 더 신뢰하는가라는 조사였다.

그러자 교육 수준이 높은 그룹일수록 부정적인 정보도 포함된 내용을 신뢰했다. 그 반대로, 교육 수준이 낮은 그룹에서는 긍정적인 정보만 든 내용을 더 신뢰했다.

누군가에게 정보를 전할 때는 상대를 보면서 정보를 제공하는 방법을 달리하는 지혜를 발휘해야 하겠다.

평범한 말로
상대의 관심을 끄는 법

인터넷이 이렇게 발달하기 전에는 "인터넷으로 조사했다"라는 말만으로도, 설령 그것이 엉터리 정보라 해도 뭔가 신빙성이 있는 듯한 느낌을 줄 수 있었다. 당시 인터넷은 정보감각이 뛰어난 일부 유능한 인재들만 사용하는 것으로 여겨졌다. 인터넷에서 얻은 정보가 아직 널리 알려지지 않은 따끈따끈한 새로운 정보라는 인식이 있었기 때문이다. 그런 희소가치가 인터넷의 이미지를 부풀렸다.

사람들은 희소가치를 가진 것에 높은 점수를 준다. 심리학자 워첼은 이런 실험을 했다.

피실험자를 두 그룹으로 나누고, 한쪽 그룹은 과자가 10개 든 병에서 하나를 꺼내게 하고, 다른 한쪽은 2개 든 가운데 하나를 꺼내게 했다.

그 후 과자에 대한 가치 평가를 물어보았더니, 2개 든 병에서 꺼낸 사람들이 높은 평가를 내렸다. 맛있고 비싼 과자라는 생각을 했고, 먹

고 싶다는 욕구를 느꼈다. 2개밖에 없기 때문에 희소가치가 있다고 생각했던 것이다.

사람이 희소한 것에 가치를 두는 것은 자유롭게 살고 싶은 심리와 관련되어 있다. 인간은 누구든 원하는 것을 자유롭게 손에 넣고 싶어 한다. 그러나 드물고 귀한 것은 손에 넣기 어렵다. 그래서 우리는 딱히 필요하지도 않으면서 희귀한 것을 보면 가지고 싶어 한다. 당연히 희소한 것은 가치가 높아진다.

그렇다면 어떤 물건을 팔고 싶을 때 쉽게 구할 수 없는 귀한 물건이라는 인식을 갖게 하면 될 것이다. 언제 어디서든 쉽게 손에 넣을 수 있는 정보나 물건에 대해서는 시큰둥한 것이 인간의 심리이다.

"지금 막 들어온 정보입니다."

"보통 손님에게는 알려주지 않는 내용인데요."

그런 말을 하면서 물건이나 정보를 소개하면 고객은 귀가 솔깃해져 관심을 기울인다.

인생의 밑바닥까지 경험했기 때문에
뭐든지 견뎌낼 수 있다?
착각일 뿐이다

상대방의 고생담을 들으면 자칫 자신을 비하하는 것처럼 보이나 사실 그는 은근히 우월감을 갖고 있다.

"어때? 나는 이렇게 고생도 많이 해봤다"며 고생담을 늘어놓으면 마주 앉은 사람은 할 말을 잃고 만다.

이런 사람은 대개 괴로운 일을 참고 견뎌낸 경험이 있으니 또다시 그런 상태가 닥치더라도 견뎌낼 수 있다고 허세를 부리지만 그 말은 새빨간 거짓말이다.

진정한 와신상담을 경험해본 사람은 두 번 다시 그런 고생을 겪고 싶지 않다는 생각에 노력을 게을리하지 않으며, 신중하고도 결단력 있는 자세로 살아간다.

다수의 말로
진실을 왜곡하는 법

어떤 판단을 내릴 때 다른 사람의 의견에 좌우되기 쉬운 게 인간의 심리이다. 누군가가 방 한구석을 가리키면서, "저기 뭔가가 있다"고 호들갑을 떨면, 설령 자기 눈에는 아무것도 안 보여도 왠지 유령 같은 게 있는 듯한 느낌이 들어 머리칼이 주뼛 선다. 주위 사람들이 입을 모아 안색이 안 좋아 보인다고 하면, 괜히 몸 어디가 아픈 듯한 느낌이 든다.

이러한 인간 심리를 이용하여 일부러 거짓말을 하고 그것을 그대로 믿게 하기도 한다. 하기에 따라서는 '파랑'을 '초록'으로 날조해낼 수도 있다. 이것도 심리 실험을 통해 확인된 사실이다.

미국에서 6명의 어학생을 대상으로 슬라이드를 보여주는 색각 실험을 했다. 6명에게 색각검사를 받게 하고, 그 후 파랑 슬라이드를 보여주고 무슨 색이냐고 묻는다. 다만, 6명 가운데 2명은 바람잡이로 미리 '초록'이라고 말하도록 해둔다. 즉, 6명 가운데 피실험자는 4명인 셈이다.

슬라이드를 보였을 때, 바람잡이는 자신 있게 '초록'이라고 대답한다. 그런 자신감 넘치는 어투에 영향을 받아 '파랑'의 슬라이드를 '초록'이라 대답하는 여학생이 나오는 것이다. 이것을 세 그룹으로 나누어 실험한 결과, 피험자 128명 가운데 11명이 '초록'이라고 대답했다. 이것은 전체의 약 8.5퍼센트에 해당한다.

그 뒤에도 몇 번에 걸쳐 실험을 계속한 결과, 이전에는 '파랑'으로 대답했던 사람이 '초록'으로 바꾸는 경우가 늘어났다. 남이 자신 있게 거짓말을 하면 의지가 약한 사람은 자신의 눈을 의심하여 남의 말에 그냥 따라가고 마는 것이다.

한 예로, 같은 여자를 좋아하는 라이벌에게 이렇게 말한다.

"그녀는 나를 더 좋아해."

"넌 여자에게 인기가 없을 타입이야."

친구에게도 부탁해서 그런 말을 하게 한다. 여러 사람에게 그런 말을 들으면 그는 그만 자신감을 잃고 스스로 무너지고 만다.

화장품 세일을 할 때 메이크업을 해주고, 이전보다 훨씬 젊어 보인다고 해본다. 2~3명이 한꺼번에 그런 말을 하면 그만 믿고 그 화장품을 사게 되는 것이다.

원망과 불안을 잠재우는
심리 테크닉

형사 사건의 재판에서는 범행 동기를 중시한다. 같은 강도라도 생활고 때문에 저지른 경우는 정상이 참작되어 형량이 줄어든다. 그러나 용의 자가 묵비권을 행사하여 수사에 어려움을 주거나 범행의 동기가 여행 경비의 마련이라면 감형은 꿈도 꾸지 말아야 한다.

이것은 실생활에서도 마찬가지다. 자신에게 피해를 입힌 상대가 그 이유를 설명하고, 하지 않고는 하늘과 땅 차이다.

이런 인간 심리는 다음과 같은 실험으로 확인되고 있다. 피실험자 두 명을 한 그룹으로 삼고, 교대로 상대에게 전기 충격을 주게 한다.

전기 충격의 강도는 강과 약 두 가지가 있는데 어느 쪽이든 본인 마음대로 선택하게 한다. 한쪽이 충격을 주면, 다음에는 충격을 받은 사람이 상대에게 충격을 준다. 이때 전기 충격의 강약이 어떻게 변하는가를 살펴본다.

그 결과, 처음에 강한 충격을 받았으면 상대에게도 강한 충격을 되돌려준다. 반대로 약한 충격을 받으면 약한 충격을 되돌려준다. 당연한 인간 심리라 하겠다. 그러나 강한 충격을 주고 난 다음 기계 고장 때문에 어쩔 수 없었다고 해명하면, 상대는 강한 충격으로 대응하지 않는다.

기계의 고장이건, 의도적이건, 강한 전기 충격을 받았다는 사실에는 변함이 없다. 그러나 기계 고장이 원인이라는 설명이 덧붙여지면 복수심이 일어나지 않는다. 즉, 사람은 자신이 피해를 입었어도 상대에게 그럴 만한 이유가 있으면 큰 불만을 갖지 않는 경향이 있다. 바꾸어 말해, 상대에게 어떤 피해를 주었을 때는 그 이유를 잘 설명하여 원한이나 불만을 줄일 수 있다.

예를 들어, 회사가 잔업 수당을 깎으면 사원들은 불만을 가질 것이다. 그럴 때는 회사의 경영 상태가 나빠졌다는 사실을 차근차근 설명해야 한다. 그러면 사원들의 불만을 조금이나마 줄일 수 있다.

세상에는 세 종류의
사람이 있다지.
남자, 여자,
그리고 완전체.

chapter 4

함부로 말하는
사람에게
함부로 대하는 법

가는 말은 고운데
오는 말이 왜 그래?

"나, 성격 안 좋은 거 알지?"라며
선수 치는 사람을 되받아치는 법

비난받을 만한 일을 해놓고도, "내 성격, 좀 그런 거 알지?" 하면서 어처구니없이 당신의 입을 막아버리는 사람이 있다. 그런 사람은 마치 면죄부나 되는 것처럼 자신의 성격을 이용하여 상대방을 곤혹스럽게 만들곤 한다.

그렇다면 '성격이 안 좋은 사람'이란 대체 어떤 사람일까.

성격이 모난 사람은 대체로 어렸을 때부터 부모의 사랑을 충분히 받지 못했거나 경제적으로 어려운 상황에 처해 있는 경우가 많다. 그리고 가족이나 친구에게도 따뜻한 정을 느끼지 못한 채 살아온 사람이다.

이런 유형의 사람은 외롭고 우울한 상황이 되면 가까운 사람들까지 자신의 적으로 몰아세우며 그들의 일을 꼬이게 만들어버린다. 물론 그는 자신의 행동이 나쁘다는 사실을 알고 있다. 하지만 성격이 나쁘기 때문에 그럴 수밖에 없다는 것이 그의 변명 아닌 변명이다. 부모의 사랑과 주변 사람들의 관심에서 벗어난 채 살아온 과거의 기억이 쌓이면서 서서히 비뚤어진 성격으로 변했기 때문이다.

만약 이런 사람이 "난 보기보다 성격이 더러워!" 하며 살벌하게 대꾸한다면 어떻게 대답할 것인가.

이럴 땐 무모하더라도 이렇게 물어보자.

"그래요? 그렇게 나빠 보이지 않는데요…. 더러운 성격이 대체 어떤 성격이에요? 그게 사실이라면 당신의 성격은 어쩌다 나빠진 건가요?" 하며 말이다.

그런 사람에겐 상대가 당황할 정도로 매우 진지하게 되묻는 방법이 효과적이다. 이때 주의할 점은 빈정거리는 말투를 사용하거나 당신이 그를 놀리고 있다는 느낌이 들지 않도록 해야 한다.

그는 아마도 직설적이고 황당한 당신의 질문에 어이없어 할 것이다. 그리고 최악의 경우가 아니라면 의외로 당신의 물음에 아이처럼 솔직하게 대답할 것이다. 결국 그는 자신의 속내를 드러냈다는 사실로 적어도 당신에게만큼은 전보다 한결 부드러워질 것이 분명하다.

함부로 말하는 사람에게 함부로 대하는 법

"빈말은 못한다"는
사람의 심리

본인 스스로 "나는 빈말은 못하는 성격"이라고 말하는 사람이 의외로 많다.

무슨 얘기마다 이 말을 덧붙이는 사람은 크게 두 부류로 나뉜다. 그 한 부류는 정말로 빈말을 못하는 사람이고, 다른 하나는 뒤에서 험담을 하면서 앞에서는 아첨하는 사람이다.

후자는 그 의도가 다분히 불순하다. 이런 사람들은 "빈말은 못하는 성격"이라 말해놓고 돌아서서는 아무렇지 않은 얼굴로 상대방을 띄우는 데 여념이 없다.

만약 제3자가 이 광경을 목격한다면 대부분 그저 '인사치레가 요란한 사람이군' 하는 정도로만 생각할지도 모른다. 그러나 본인은 실제로는 열심히 아첨을 하면서 입으로는 "빈말은 못하는 성격"이라는 것을 강조한다. 재미있는 것은, 이는 오히려 "나는 지금 윗사람에게 아첨을 하고 있습니다"라며 떠드는 것이나 마찬가지인데 정작 본인만 그걸 깨닫지 못한다는 점이다.

이런 유형의 사람들은 불순한 의도가 있건 없건 인간이라면 누구나 본능적으로 사탕발림을 좋아한다는 사실을 알고 있다. 그래서 이 점을 자신의 처세 방편으로 삼고 상대방을 비행기 태우듯 기분 좋게 만드는 것이다.

이런 사람이 "나는 속에 없는 말은 못한다"며 단언한 뒤에 끝도 없이 입에 발린 말을 늘어놓으면, "빈말은 못하신다면서요?"라고 한마디 쏘아주는 것이 좋다. 그러면 상대방은 분명 눈도 깜짝하지 않은 채, "아닙니다. 정말 훌륭해서 감동한 것뿐입니다. 이게 제 솔직한 마음입니다"라며 유들유들하게 말할 것이다.

인사치레란 참으로 묘한 것이어서 처음에는 경계를 하지만 그런 사탕발림도 끊임없이 듣다 보면 어느새 자신도 모르게 익숙해진다. 따라서 이 점을 항상 조심해야 한다.

상대방이 아첨꾼임을 알면서도 무심코 방심하여 판단을 흐리는 일은 없어야 하지 않겠는가. 따라서 그런 말은 절반 정도 흘려버리는 무덤덤한 마음가짐을 갖추는 것이 좋다.

"변명은 하지 않겠다"는 사람만큼
변명 많은 사람 없다

일하다 실수를 하거나 중요한 계약을 놓쳤을 때 "변명은 하지 않겠습니다", "변명하는 것을 좋아하지는 않습니다만…"라는 식으로 말문을 여는 사람들이 있다.

그러면 말한 대로 시종일관 머리 숙여 실수를 인정해야 하지만, 그렇게 말하는 사람일수록 변명거리를 늘어놓는 경우가 많다.

물론 그는 어쩔 수 없었던 사정을 설명하고 싶을 것이다. 그러나 그것도 결국 변명에 지나지 않는다. 이런 유형의 사람은 "그런 변명은 듣고 싶지 않다"고 해도 변명을 멈추지 않는다.

그렇나면 이런 경우 어떻게 대응해나가야 할까?

가장 좋은 방법은 변명을 하지 못하도록 냉정하게 딱 잘라 말하는 것이다. 그의 실수 때문에 업무에 큰 타격을 받았다면, 상대방의 변명은 무시한 채 그 실수로 얼마나 큰 손실이 발생했는지를 조목조목 따져

라. 혹은 냉정하게 보상을 요구하는 것도 좋다.

또한 그가 변명의 달인이라는 정보를 입수했다면, 혼자 실컷 떠들게 놔두는 것도 좋은 방법이다. 이때 가능하면 메모를 하거나 녹음기로 상대방의 말을 기록으로 남겨둔다. 그리고 며칠 뒤 그에게 들려주며 이렇게 말한다.

"정말 변명의 천재로군요. 이 재능을 그냥 썩히긴 아까운데요"라고 진실을 말해 당신의 페이스에 말려들게 하는 방법도 있다.

함부로 말하는 사람에게 함부로 대하는 법

손바닥 뒤집듯 생각이 자주 바뀌는 사람을 대하는 법

어떤 사람이나 사건에 대한 평가를 자주 바꾸는 사람은 신뢰하기 어렵다.

"이 씨 말이야, 정말 좋은 사람인 것 같아. 한 번 봤을 뿐인데 얼마나 잘 통하는지 몰라. 너도 친해두면 좋을 거야."

김 과장은 친구에게 이런 얘기를 듣고 거의 강제로 끌려 나가다시피 그들과 자리를 함께했다. 그러나 친구가 칭찬한 이 씨에게서 이렇다 할 만한 강한 인상은 받지 못했다.

그러고 나서 얼마 지나지 않아 김 과장이 친구에게 "요즘도 이 씨 자주 만나?" 하고 물었다. 그런데 "아, 이 씨? 친해지기엔 좀 별로인 것 같아. 인간성에 문제가 있어. 그래서 지금은 안 만나"라는 것이 아닌가. 얼마 전까지만 해도 오랜 친구 같다던 얘기와는 달라도 한참 다르다. 순식간에 친구의 머릿속에서 이 씨의 존재가 흔적도 없이 사라져버린 것을 보고 김 과장은 몹시 놀랐다.

이런 유형의 사람은 처음 만나서 잠시 쓸데없는 잡담을 나눈 뒤에 기분이 좋아진 것만으로도 상대를 좋은 사람이라고 평가해버린다. 게다가 그 사람의 겉모습만 보고 평가하는 경향도 강하다. 이런 사람은 또한 제3자의 평가를 비판 없이 그대로 받아들이고는 그것이 마치 자신의 의견인 양 떠벌리고 다니기까지 한다.

예를 들어 어떤 건강식품이 좋다면서 하도 집요하게 권하기에 비싼 돈 내고 먹기 시작했는데, 다음번에 만나서 한다는 말이 "아, 그거 생각보다 별로 안 좋더라"다. 온몸에 기운이 빠지지 않을 수 없다. 게다가 "사실, 그것보다 더 좋은 게 있어"라며 이번엔 다른 제품을 뻔뻔스럽게 권한다. 또 다른 꿍꿍이라도 있는 것 같아 당신은 몹시 못마땅해질 것이다. 이런 사람들은 당신에게 좋지 않은 제품을 권한 것에 대한 죄책감도, 미안한 기색도 없다.

이처럼 금세 평가를 바꾸는 사람에는 두 가지 타입이 있다. 하나는 단순히 사람을 너무 좋아해서 다른 사람의 말을 쉽게 믿어버리는 타입이고, 또 하나는 다른 속셈을 숨기고자 어떤 표현이든 과장하는 타입이다. 어느 쪽이든 이런 사람이 주위에 있다면 그 사람이 무언가를 권하더라도 곧이곧대로 믿지 말고 가능한 한 거절하는 것이 좋다.

당신과 늘 어긋나는 사람은
한번쯤 의심해보라

좋아하는 그녀와의 데이트. 두근거리는 마음으로 약속 장소에 나갔지만 아무리 기다려도 그녀의 모습이 보이지 않는다. 휴대전화로 연락해보아도 연결할 수 없다는 안내음성만 들려온다. 다음 날, 겨우 연락이 되어 자초지종을 물으니 그녀도 약속 장소에서 줄곧 기다렸다는 게 아닌가.

약속 장소를 서로 잘못 안 것이라 여기고 그냥 넘겼는데, 다음 약속에서도 같은 일이 반복된다면 제아무리 어수룩한 남자라도 자신이 바람맞았다는 상황을 금방 파악할 수 있을 것이다. 그러나 이것이 친한 친구 사이에서 일어난 일이라면 바람 맞은 당사자는 친구에게 무슨 일을 당했는지 끝까지 까맣게 모를 수가 있다. 또한 학창시절부터 그 친구가 의외로 그런 타입이었다는 것을 시간이 흐른 후에 아는 경우도 종종 있다.

오늘 연락을 주기로 했는데 아무리 기다려도 전화가 없다. 그리고 다음 날, "어제 연락 준다고 하지 않았나?" 하고 물으면 "어제가 아니라 오늘 아닌가"라고 한다.

이런 일이 서너 차례 반복되었다면 상대방이 거짓말을 하고 있다고 보아도 무방하다. 오랜 친구라 당신이 철석같이 믿었던 게 잘못이라면 잘못이다. 따라서 이런 타입의 친구가 있다면 혹 이 친구가 나에게 무언가를 숨기고 있지는 않은지 한번쯤 의심해보는 것이 좋다.

이렇듯 별것 아닌 일로 거짓말을 하는 사람은 평소에도 거짓말을 밥 먹듯 한다. 일과 관련하여 어쩔 수 없이 거짓말을 하다 보면 그것이 어느새 습관이 되어 거짓말이라는 행위 자체에 무뎌지게 된다. 그러다 보면 일과 전혀 관계없는 친구에게도 무심코 그때그때의 상황에 따라 거짓말을 하는 것이다.

이런 사람들에게는 항상 증거를 남겨두도록 하자. 즉, 약속을 했으면 약속 내용에 대한 확인 문자를 보내거나 그 사람에게서 온 메일을 저장해둔다. 이렇게 빠져나갈 구멍을 원천봉쇄해두면 닥치는 대로 나오던 그의 거짓말은 점차 줄어들 것이다.

비밀을 퍼뜨리는 사람을
대하는 법

"비밀로 하라고 하지는 않았잖아, 그래서 말한 건데…" 하고 변명하는 사람은 신용하면 안 된다.

대다수의 사람들은 일반적으로 이야기할 때 '이건 비밀이다, 아니다' 라는 말을 따로 하지 않는다. 마찬가지로 이야기를 들으면서 '이게 비밀 이야기인지, 아니면 다른 사람에게 해도 되는 이야기인지' 번번이 묻는 사람도 없다.

"어제 과장님이 이젠 장가를 가야겠다며 내 눈을 지그시 바라보지 뭐야."

"호음, 그거 비밀이야? 그래서 이렇게 됐어? 과장님이 프러포즈한 거야?"

"응, 비밀이야. 그러고 나서 좀 쉬었다 가지 않겠느냐고 그러는 거야."

"호텔에 같이 간 거야? 그것도 비밀이야?"

"아니, 결혼 얘기를 꺼낸 건 비밀이지만, 호텔에 같이 간 건 딱히 비밀은 아니야."

이런 식으로 비밀 이야기인지 아닌지 일일이 확인하다가는 이야기가 도저히 진행되지 않을 것이다.

제대로 된 사람이라면 굳이 말로 확인하지 않아도 상대방의 말투나 표정, 태도를 보고 이를 비밀에 부쳐야 할지, 누설해도 무관할지 여부를 판단한다. 그러나 비밀 이야기를 발설해놓고는 상대방이 그에 대해 질책하면 "비밀이라고 하지 않았기 때문에 이야기했다"고 하는 사람이 있다. 그런 사람은 성질이 못됐거나 혹은 상식이 모자란 사람이다. 이런 사람과는 과연 어떻게 지내야 좋을까?

이런 사람은 "비밀이라고 했는데 왜 다른 사람한테 말한 거야?" 하고 추궁해도 눈도 끔적하지 않는다. 그게 나쁜 짓이라는 인식이 머릿속에 없기 때문이다. 따라서 이런 사람에게는 다른 사람 귀에 들어가면 큰일 나는 중요한 이야기는 절대 하지 않는 것이 좋다.

만일 그 사람이 당신의 비밀을 누설했다면 당한 만큼 그대로 갚아주는 것도 한 방법이다. 즉, 그 사람의 약점이나 부정행위 등 알려지면 곤란한 것들을 고의적으로 퍼뜨린다. '아, 이 사람에게 이런 짓을 하면 나도 당하는구나' 하는 생각이 들게끔 강렬한 인상을 심어주는 것이 중요하다.

단, 곧 잊어버리는 것도 이런 사람들의 특징이다. 따라서 시간이 어느 정도 흐르면 또다시 같은 짓을 되풀이할 가능성이 높으므로 정말

중요한 이야기는 그 사람 귀에 들어가지 않도록 항상 주의하는 것이 좋다.

남의 험담을 입에 담지 않는 사람 앞에서도 반드시 입을 조심해야 한다. 남 앞에서는 결코 다른 사람을 험담하거나 비판하지 않는 사람이 있다. 물론 이들 가운데 성격이 정말로 좋아서 남의 결점이나 단점을 보지 않는 사람도 있지만 그런 사람은 극히 드물다.

남에 대한 험담이나 비방을 하지 않는다면 입이 무겁다는 점에서는 신용할 만하지만 그렇다고 해서 꼭 그 사람의 성격까지 좋다고 볼 수는 없다. 이런 유형의 사람은 남의 결점을 보지 않는 것이 아니라, 그저 남들 앞에서 말하지 않는 것이 자신에게 유리하기 때문에 함구하는 것뿐이다.

항상 다른 사람 칭찬만 해대는 사람은 한번쯤 의심해볼 필요가 있다. 의외로 이런 사람들이 친구들이나 지인들에 관한 험담을 늘어놓는 경우가 있기 때문이다.

이런 사람 앞에서는 당신의 속마음을 드러내지 않는 것이 좋다. 어찌 보면 상대방과 똑같은 수법이지만, 같은 식으로 상대를 천천히 지켜보는 것도 현명한 대처법이 될 수 있다.

불평불만이 가득한 사람과 대화하는 법

다른 사람의 의견이라면 무조건 미간부터 찌푸리며 노골적으로 '못 믿겠다'는 표정을 짓는 사람들이 있다.

예를 들면, "고구마는 구워야 제맛이지" 하고 말하면 "그래요? 오히려 삶아야 더 맛있지 않나?" 하고 곧바로 반대 의견을 내비치는 사람들이다. "소주가 맛있다"고 하면 "소주가 뭐 맛있어요, 와인이 더 낫죠"라고 반박하는 등, 사사건건 이런 식이다.

이런 사람을 잘 아는 사람은 그의 입에서 "그래요? 정말요?"라는 말이 나오면 곧바로 입을 다물어버리거나 혹은 다른 이야기로 화제를 돌려버린다. 설명해봐야 일이 복잡해질 것이 뻔하기 때문이다.

이런 타입과 대화를 하다 보면 이야기가 진행되지 않아 쉽게 지치고 피로해질 뿐 아니라 짜증만 쌓여갈 뿐이다. 그러나 어쩔 수 없이 계속 마주해야 하는 상황이라면, "아, 그렇군요" 하고 감탄하는 척하며 상대방을 띄워준 후 슬쩍 그 화제에서 빠져나오는 것이 무난한 방법이다.

쓸데없는 언쟁은 무슨 일이 있어도 피해야 한다는 점만은 명심하라.

스스로에 대한 냉정한 평가가 우선이다?
착오를 부를 뿐이다

흔히 능력 있는 사람은 자기 자신을 스스로 평가한다고 한다. 무능력한 사람일수록 스스로 평가할 수 없기 때문에 다른 사람의 평가에 의존하게 마련이라는데, 이는 최근에 나온 상식적인 거짓말이다.

아무리 스스로를 높이 평가한다 한들, 타인이 평가해주지 않는 이상 아무런 의미도 없다.

혹시 '나는 능력이 출중한데 회사가 그런 나를 알아주지 않는다'고 생각해본 적이 있는가? 그 이유는 회사가 당신이 능력이 없다고 생각하거나 능력을 인정받기에는 당신의 실력이 아직 미숙하다고 판단하기 때문이다.

만일 타인이 내린 평가와 자신이 내린 평가 간에 차이가 너무 크게 난다면 맡은 일을 제대로 수행할 수 없는 것이 당연하다.

"나 괜찮지 않아?"라며
강요하는 사람의 심리

"나같이 괜찮은 사람 봤어? 그렇게 생각하지 않아?" 하고 상대방의 동의를 강요하는 사람이 있다.

그렇다면 그 진의는 과연 무엇일까. 그보다도 우선 '괜찮은 사람'이란 어떤 사람인지, 그 의미가 무척 애매모호하다.

스스로 '좋은 사람'이라 칭하는 사람은 결코 만만한 상대가 아니다. 이런 사람의 내면에는 다소 악한 구석이 있게 마련이다. 또한 이런 얘기를 너무나 자연스럽게 꺼내는 사람 가운데는 과거에 자신의 이익을 위해 아무렇지도 않게 공갈과 사기를 친 사람이 많다.

일반적으로는 상대방에게 식사나 술을 대접한 후, "나, 정말 괜찮은 사람 같지 않아?"라는 말을 던지면서 작업에 들어간다. 이런 타입의 남성들은 여성에게도 교묘히 자신의 흑심을 드러낸다. 또한 그 대상이 남성일 경우에는 그를 자신의 편으로 끌어들이려 애쓴다.

누군가를 자기 쪽으로 끌어당기기 위해서는 자신이 능력 있는 책략가이며, 상대방을 충분히 이용할 수 있다는 점을 거듭 강조해야 한다. '나는 괜찮은 사람'이라는 말이야말로 이 모든 의미를 함축한 직설적인 표현이다. 한편, 이 표현이 지니고 있는 단순하면서도 묘한 설득력 때문인지, 아이러니컬하게도 이 말 속에서 진심 어린 마음을 느끼는 사람도 종종 있다. 그래서 적잖은 사람들이 이 말에 쉽게 속아 넘어가는 것이리라.

이런 식으로 접근해오는 사람에게는 '좋은 사람'이라는 말을 역이용한다. "괜찮은 사람이라는 건 무슨 뜻이죠?" 혹은 "괜찮은 사람이라고 말하는 사람치고 정말 괜찮은 사람은 없다는 말도 있던데요" 하고 쏘아준다.

그러고는 상대방의 반응을 살핀다. 뼈 있는 말을 듣고 돌연 언짢아한다거나 눈초리가 달라진다면 역시 뭔가 꿍꿍이가 있는 것이므로 곧장 그에 맞는 대응을 준비해야 한다.

함부로 말하는 사람에게 함부로 대하는 법

"당신도 동의했잖아"라며 책임을 전가하는 사람을 대하는 법

어엿한 사회인이 되어서도 걸핏하면 타인의 동의를 강요하는 사람이 있다.

김 대리는 "과장님이 이 일을 당장 중단하라는데, 강력하게 밀고 나가라고 했던 것도 과장님이었지?" 하고 동료 박 대리의 동의를 구한다. 박 대리가 아무 말이 없으면, "자네도 좋다고 하지 않았나?" 하고 추궁하기 시작한다.

본래 김 대리는 이 일을 단독으로 추진하여 혼자서 공을 독차지할 작정이었으나 일이 잘 풀리지 않아 계획 자체가 도중에 흐지부지되어 버리는 상황에 부딪혔다. 그러자 김 대리는 그 책임을 과장에게 전가하려 했다. 그러나 진짜 진실은 다른 데 있다. 이 프로젝트를 제안할 당시 김 대리는 크게 성공할 만한 기획이라 자부했지만 그의 동료 박 대리는 그렇게 생각하지 않았다. 그러나 김 대리는 자신의 아이디어가 받아들여지지 않는 것은 곧 자신의 인격이 부정당하는 것과 마찬가지라고 생각하는 사람이다. 그래서 자신과 반대되는 의견은 조금도 들으려 하지 않는다. 다른 의견을 들어보기는커녕 화를 내다가 끝내는 입술을 일그러뜨리며 폭발한다. 그러고는 오히려 상대방의 잘못을 끄집어내어 공격하기 일쑤다. 박 대리는 그의 그런 성격 때문에 섣불리 반대했다가는 골치 아파진다는 사실을 잘 알고 있었다. 그래서 할 수 없이 소극적이나마 김 대리의 의견에 동의한 것이다.

그러자 나중에 김 대리는 "박 대리도 찬성했었잖아?" 하고 동료인 박 대리를 공격하여 책임을 떠넘기고는 변명의 도구로 삼는다. 이런 사람은 사생활도 마찬가지다. 가령, 바람 핀 사실이 배우자에게 발각된다 하더라도 그 잘못을 친구나 상대에게 떠넘긴다.

그렇다면 상대방에게 책임을 떠넘기는 인격을 갖게 된 원인은 무엇일까. 이는 성장 과정에서 지나치게 응석받이로 자라왔기 때문이다. 이런 타입의 사람이 동의를 구해왔을 때 딱 잘라 거절하지 못하면 공연한 책임을 떠맡아 곤란한 일에 휩쓸리게 될지도 모른다.

그렇지만 완고하게 한마디로 거절하기란 그리 쉬운 일이 아니다. 아니, 어쩌면 굉장한 용기가 필요할 수도 있다. 따라서 딱 잘라 거절하는 것이 어려운 사람은 적어도 "그 일에 대해서는 잘 모르겠습니다" 하고 뜻을 확실히 전하는 것이 좋다.

지나치게 에너지가 넘치는
사람을 대하는 법

균형이 맞지 않는 에너지로 넘쳐나는 사람은 조심해야 한다.

평소에는 있는 듯 없는 듯 조용하고 목소리도 작은 사람이 어쩌다 노래방에 가면 박력 넘치는 창법을 구사해 사람들을 깜짝 놀라게 하는 일이 있다. 이때 그가 발산하는 에너지란 대단하다. 그렇게 평소와는 180도 다른 모습, 그 큰 격차에 주위 사람들은 할 말을 잃고 만다.

또는 한잔 하러 가서는 꽤 많이 마셨는데도 절대 취하지 않는 사람이 있다. 다 같이 마시다가 어느새 한 사람씩 술에 취해 나가떨어져도 그 사람 혼자 새벽녘까지 꿋꿋하게 남아서는 무덤덤한 얼굴로 계속 술을 마신다.

'저 사람이랑 가까이 지내면 골병든다'는 둥, '몸이 남아나질 않는다'는 둥 회사의 소문난 술꾼들도 혀를 내두를 정도다. 평소의 모습은 전혀 그럴 것 같지 않은데, 이럴 때 보면 어마어마한 에너지가 있는 것이다.

어째서 그렇게 특이한 에너지로 넘쳐나는 것일까. 그 원인은 확실하게 밝혀지지 않았지만, 한 가지 분명한 것은 그런 사람은 위험인물일 가능성이 높다는 점이다. 더불어 그런 유형은 정신적으로도 불안정하다.

예컨대 예기치 않은 다급한 상황에 부딪히면 갑자기 돌변하여 비정상적인 에너지를 분출한다. 싸울 일이라도 생기면 그것이 신경전이건 혹은 주먹다짐이건 승부가 날 때까지 끝까지 들러붙는다. 바로 이러한 점이 그 사람을 지탱해주는 힘이다.

이런 유형의 사람과는 적당한 거리를 유지하는 것이 좋다. 그들은 누군가를 적대시하기 시작하면 상대방이 원하건 원치 않건 다짜고짜 비정상적인 에너지를 무기로 돌격해 들어간다. 따라서 이런 사람은 자극하지 않는 것이 상책이다.

함부로 말하는 사람에게 함부로 대하는 법

"난 거짓말할 줄 몰라"라고 말하는 사람의 심리

"저는 결코 거짓말은 하지 않습니다"라는 뻔한 거짓말을 너무도 당당하게 말해 실소를 자아내게 했던 정치인이 있었다. 동서고금을 막론하고 진짜 거짓말쟁이는 "나는 거짓말을 하지 않는다"고 호언장담을 하니 이얼마나 모순된 이야기인가.

거짓말쟁이가 자주 하는 그 말은 엄밀히 따져 '나는 거짓말을 한다'와 같다. 따라서 스스로 거짓말을 하지 않는다고 큰소리치는 것은 다시말해 자신이 거짓말쟁이임을 동네방네 떠벌리고 다니는 것이나 다름없다. 이 말은 거짓말쟁이의 단골 문구이다. 대화 중에 상대방이 갑자기이 말을 꺼내면, 거짓말을 하고 있다는 증거이므로 이를 염두에 두고앞으로의 대응책을 생각해야 한다.

생각이 짧은 것일까. 보통 거짓말쟁이들은 스스로 그런 말을 하는것 자체가 의심스러운 언동이라는 사실을 깨닫지 못한다. 거짓말을 하지 않는다고 말하고 다니다니, 그야말로 뻔뻔스럽다고밖에 달리 표현할 방도가 없다. 그리고 어쩌다 그가 한 거짓말에 대해 추궁이라도 하면 그의 거짓말은 점점 더 크게 부풀어 오른다. 이는 모든 거짓말쟁이들의 특징이다. 거짓말쟁이는 반드시 거짓말을 위한 거짓말을 더해나간다. 이 점이 바로 어쩌다 한번 거짓말을 하고 곧바로 반성의 자세를 취하는 보통 사람들과 다른 점이다.

단, 거짓말을 하는 것 자체가 이미 인격의 한 부분으로 자리 잡힌 사람은 거짓말이라는 행위에 대해 손톱만큼도 죄책감을 느끼지 않는다. 그래서 거짓말이 탄로 난 후에도 계속해서 거짓말을 하지 않는다고 주장한다. 답답할 노릇이 아닐 수 없다. 이런 사람은 당연히 믿어선 안 된다. 오히려 그 사람의 거짓말이 어디까지 부풀어 오르는지 지켜보도록 하자. 무엇보다 이 사람의 말은 곧이곧대로 듣지 않는 것이 현명한 처사이다.

'거짓말쟁이'라며
남을 원망하는 사람의 심리

다른 사람을 거짓말쟁이로 몰아붙이며 상대방을 원망하는 사람이 있다. 이런 사람은 거짓말이랄 것도 없는 사소한 행동이나 말까지도 전부 거짓말이라고 혼자서 단정 지어 버린다. 예를 들어 보자.

"어제 방 정리를 하다가 우연히 여자가 보낸 편지를 발견했어요. 당신, 나한테 숨기고 있었던 거죠? 거짓말쟁이. 지금까지 그 여자에 대해서 나한테 말 한마디도 안 했잖아요."

아내는 남편을 노려보면서 책망한다.

"그건 당신을 만나기 3년 전 일이야. 굳이 말할 필요가 없을 것 같아서 안 한 것뿐이야."

남편이 그렇게 설명해도 아내는 남편을 절대로 용서하지 않을 기세다.

"결혼할 때 '우리 둘 사이에 비밀은 만들지 말자'고 한 건 당신이잖아요. 당신 같은 거짓말쟁이는 더 이상 믿을 수가 없어요."

이렇듯 거짓말도 아니고, 그렇다고 속 시원히 말해주는 것도 아닌 애매모호한 남편의 표현을 전혀 이해하려 하지 않고 거짓말이라고 일방적으로 단정 지어 버린다.

의외로 이런 사람들 가운데 습관적인 거짓말쟁이가 많다. 아마도 자신이 거짓말쟁이라 상대적으로 다른 사람의 말에 지나치게 민감해지는 것이리라. 또 이런 타입은 남들의 가벼운 거짓말에도 예민하게 반응한다.

이처럼 별 뜻 없는 거짓말에 병적으로 집착하는 사람 가운데 정작 그 자신이 거짓말쟁이인 경우가 있다. 따라서 그런 사람에게는 제아무리 사소한 거짓말이라도 꺼내지 않는 것이 좋다. 또한 애매모호한 표현도 피하는 게 상책이다.

항상 "난 아무 잘못이 없다"고 말하는 사람의 심리

연인에게 일방적으로 차이거나 혹은 배우자가 이혼을 요구해오면 "도대체 내가 뭘 잘못했다는 거야"라고 절규하면서 상대방을 책망하는 사람이 있다.

치료가 어려운 병에 걸렸을 때도 마찬가지이다. "딱히 악한 마음을 품어본 적도 없고 다른 사람에게 피해를 준 일도 없는데, 그저 성실하게 살아왔을 뿐인데 왜 내가 이런 병에 걸려야 하는 거야" 하며 자신의 처지를 한탄한다.

그러나 생각해보자. 성심성의껏 상대방을 진심으로 대했다 하더라도 그와 상관없이 이성에게 버림받을 수도 있고 혹은 친구에게 배신당할 수도 있다. 성실하게 살아왔다고 해서 병에 걸리지 않는다는 보장이 어디 있단 말인가. 항상 건강관리에 힘쓰며 매일매일 규칙적으로, 그리고 열심히 살아온 사람이라 하더라도 누구나 병에 걸릴 수 있는 것이다.

불행한 일이 닥쳤을 때, '왜 이런 일이 일어난 거지? 난 아무 잘못도 없는데'라고 생각하는 사람은 뭐든 자신의 생각이 항상 절대적으로 옳다는 신념을 갖고 있다. 그러나 인간으로 태어나 이 세상을 살아가면서 타인에게 피해를 주지 않은 사람이 과연 몇이나 될까.

이런 유형의 사람을 배우자나 애인으로 두었다면 여간 힘든 게 아니다. 무슨 일이 있을 때마다 사사건건 "난 아무 잘못도 없는데 왜 이렇게 된 거지?" 하고 따지려들 게 뻔하기 때문이다.

이런 타입 가운데는 좋은 아내(남편), 좋은 엄마(아빠)가 되고자 노력하는 사람이 비교적 많다. 그리고 보통 때는 '상식과 교양을 갖춘 지성인'의 이미지를 풍긴다. 따라서 가식적인 겉모습에 속지 않도록 조심해야 한다.

함부로 말하는 사람에게 함부로 대하는 법

잘못을 인정하지 않는
사람을 대하는 법

회사원 김 씨는 회사에서 교통비가 지급되는 것을 악용하여 실제로는 대중교통을 이용하지 않으면서 교통비만 챙기고 있다. 이 일에 대해 추궁하자 다른 사람 이름까지 구체적으로 들먹여가며 항변을 한다.

"다들 하는 일이에요. 박 씨는 평일에는 회사 근처에 사는 애인 집에서 출퇴근하는걸요. 그러면서 교통비는 원래 사는 먼 집에서 다니는 걸로 청구해서 지급받아요."

'나만 그런 게 아니다'라는 말은 자신을 정당화시키려는 변명에 지나지 않는다. 즉, 이들은 '다들 하는 일이니까 나쁜 일이 아니다, 나한테만 뭐라 하는 건 불공평하다'는 식의 논리로 맞선다. 그러나 인정할 건 인정하자. 교통비를 실제와 다르게 부풀리는 것은 회사에 대한 명백한 사기행위이다. 다른 사람이야 어떻든 이는 타인과 비교할 필요가 없는 엄연한 불법 행위이다.

'나만 그런 게 아니라 다들 그렇다'며 문제를 회피하는 것은 소인배들이나 하는 짓이다. 우리 사회에는 이처럼 도덕성도, 양심도 없는 사람이 의외로 많다. 이런 소인배에게는 자신의 약한 모습이나 부정, 실수 등을 보이지 않는 것이 좋다. 만일 그것이 알려지면 그는 '저 사람도 한다'며 당신을 자기 정당화를 위한 도구로 이용할 것이다.

돈벌이가 될 만한 사업 아이템이나 직장에서 인정받을 만한 공적에 관한 이야기도 그 사람 앞에서는 하지 않는 것이 좋다. 이런 사실이 그의 귀에 잘못 들어가면 어느 틈엔가 그런 아이디어는 모두 그의 차지가 되어버릴지도 모른다.

"최고야!", "제일이야!" 같은 말을 남발하는 사람의 심리

대화를 하다 보면 어려운 말보다 쉬운 말로 표현하는 것이 더 좋을 때가 많다. 그러나 지나치게 단순한 문장밖에 표현해내지 못하는 것 또한 문제이다.

방송 프로그램 진행자 혹은 리포터 가운데에도 이런 사람들이 많다.

어느 리포터가 맛집으로 소문난 인기 최고의 음식점을 취재할 때마다 음식을 한입 가득 넣고 맨 처음 내뱉는 말은 백발백중 "최고예요"이다. 그리고는 "진하지만 느끼하지 않은 국물맛이 최고예요"라는 정형화된 리포팅이 이어진다. 보통보다 조금 나은 정도로 최고라는 최상급 찬사를 남발하다니, 최고라는 말의 뜻을 알고나 쓰는 걸까?

'제일'이라는 말도 이와 비슷한 칭찬의 표현이다. 진행자나 리포터의 경우, 이러한 표현들을 사용하면 무난할 것이라는 생각에 이를 남발한다. 좋은 게 좋은 것이라는 식으로 말이다. 그러나 이것이 일상화되어 습관으로 정착해버리면 그 사람의 인간성에도 나쁜 영향을 끼친다.

'최고' 또는 '제일'이라는 말을 남발하는 사람에게는 이 세상에 최고인 것, 제일인 것들로 넘쳐난다. 그래서 그 사람의 입에서 나오는 이런 말들은 진정한 의미에서의 최고, 제일이 아니다.

"구찌에서 새로 나온 토트백, 최고야."

"프라다에서 나온 올여름 구두가 제일이야."

가까운 사이에서는 서로 이런 식으로 얘기한들, 딱히 해가 되는 것도 아니므로 별 상관은 없다. 그러나 이런 단순한 표현에는 타인을 선동하는 힘이 있다. 이를 의식적으로 이용하는 사람은 한번쯤 의심해보는 것이 좋다.

어느 사이비 종교의 교주가 입에 달고 다니던 캐치프레이즈는 '여러분, 최고입니까?'였다.

함부로 말하는 사람에게 함부로 대하는 법

약자에 대한 지나친 배려를
주장하는 사람의 심리

'아이들을 잘 돌봐야 한다, 노인을 배려해야 한다, 반려동물을 잘 보살펴야 한다, 지구를 소중히 여겨야 한다.'

신문에는 매일같이 '우리가 돌봐줘야 하는 것들'에 대한 얘기가 실린다. 이제 우리 사회는 배려와 관심, 따뜻한 마음을 최고의 가치로 여긴다. 그리고 타인에게 그런 사람이 될 것을 강요하기 시작했다. 그러나 도를 넘어서 배려의 필요성에 과도하게 집착하는 사람이 있다면 한번쯤 그의 인간성을 의심해보는 것이 좋다. 제3자의 입장에서 왜 저렇게까지 배려해야 하는지 의심스럽고 상식적으로 이해가 안 될 정도라면 그건 분명 문제가 있는 게 아닐까?

배려를 하나의 '주의(主義)'로 여겨 그 보급운동에 앞장서는 사람들이 많다. 그러나 그중에는 사회나 사람들 앞에서는 배려의 필요성을 주장하면서 뒤에서는 부하를 종 부리듯 부리고, 아내에게 폭력을 휘두르는 사람도 있다.

어째서 이런 모순이 발생하는 것일까? 혹 가까운 사람은 배려할 필요가 없다고 생각하는 것일까? 물론 그렇지 않다. 배려와 따뜻한 마음을 지나치게 강조하고 주장하는 사람은 자라면서 사랑과 관심을 받지 못한 경우가 많아 늘 그런 마음에 굶주려 있다. 그렇기 때문에 따뜻한 마음과 정을 필요로 하는 본인의 마음이 은연중에 나타난 것이라고도 해석할 수 있다.

반면에 사랑을 듬뿍 받으며 자란 사람은 굳이 배려와 관심의 필요성을 소리 높여 주장하지 않는다. 다만 그런 사람은 타인에 대한 배려심을 항상 마음속에 지니고 있다.

배려의 중요성을 외치고 다닌다고 해서 그 사람이 마음 따뜻한 사람이라고 생각했다가는 큰 오산이다. 이런 사람이 마음 따뜻한 사람이라고 착각하여 당신의 마음을 다 내보인다면 나중에 크게 후회하는 일만 남을지도 모른다. 이런 사람들은 자신의 입장이나 권리, 생각을 침해당하면 불같이 화를 내는 이기주의자일 가능성이 높다.

그렇게 힘들게 애쓸 필요 없어?
달콤한 말에 속지 말자. 결국 아무것도 이룰 수 없다

'잘 먹고 잘 사는 것'이 새로운 흐름이 되면서 이제 열심히 하라는 말만으로는 부담감만 늘어날 뿐이다. 이러한 환경에서는 따뜻함, 편안함, 휴식, 내면의 소리에 귀 기울이는 행동 등이 더 중요한 요소이다. 이런 시대를 반영한 것일까, '너무 아등대며 열심히 살지 않기'를 표방하는 책들도 쏟아져 나왔다.

그러나 열심히 하지 않으면 대체 무엇을 어떻게 하란 말인가. 이런 책들을 아무리 샅샅이 훑어본들 명쾌한 해답을 제시하는 내용은 그 어디에도 없다. 업무나 인간관계에서 문제가 생겼다면 잠시 휴식을 취하자는 식의 세부적인 노하우만 제시하고 있을 뿐, 그 어디에도 '열심히 하지 않아도 된다'라는 내용은 없다.

열심히 하지 않는다는 것은 곧 생활 속에서의 투쟁을 포기하는 것이며, 만일 포기하고 싶지 않다면 계속해서 열심히 하는 수밖에 별다른 도리가 없다. 무리하지 않고, 지나치게 매달리지 않으면서 자신감 있게 살아가는 것은 열심히 살아온 사람만이 얻을 수 있는 소득이다.

어딘지 수상쩍은 사람과
가까이 지내는 사람의 심리

수상한 사람과 친하게 지내는 사람이 있다. 본인은 사회적으로 신용이 있고 가정적으로도 아무 문제가 없는 보통 사람인데도 말이다. 그 점을 지적하고 나서면 "좀 미심쩍은 구석이 있기는 하지만 좋은 사람이야" 하고 감싸는 사람이 있는가 하면, 특이한 사람과 알고 지내는 것을 은근히 자랑하는 사람도 있다.

사람이라면 누구나 한두 가지의 장점은 반드시 있게 마련이다. 제아무리 험상궂은 사람이라도 방긋 웃으면 귀여워 보이는 것처럼 말이다. 항상 그런 것은 아니지만 누구나 타인을 배려할 줄 알고, 가끔은 선행을 베풀기도 한다.

그러나 수상한 사람과 가까이 지내는 사람의 경우, 그가 설령 사회적으로 높은 신뢰를 쌓았다고 할지라도 개인적으로 신용하기란 힘들다. 이런 사람은 겉으로 보이는 것과는 다른 얼굴을 숨기고 있는 경우

함부로 말하는 사람에게 함부로 대하는 법

가 많기 때문이다.

　이런 사람이 수상한 사람과 가까이 지내는 이유는 수상한 사람에게 이용가치가 있다고 판단하기 때문이다. 즉, 이런 사람은 기본적으로 '이용할 수 있는 건 뭐든지 이용하자'는 생각을 지니고 있다.

　올곧은 정신을 가진 사람이라면 수상한 사람과 친하게 지낼 이유가 없다. 따라서 수상한 사람과 교류가 있는 사람은 쉽게 믿어서는 안 된다. 세상에서 말하는 신용이란 바로 이런 것을 두고 하는 말이다.

'부드러운 협박'의
효과

타인을 협박할 때는 대체적으로 목소리를 높이게 마련이다. 사실 굵고 쩌렁쩌렁 울리는 목소리는 공갈 협박의 이미지에 딱 들어맞는다. 깡패가 아닌 이상, 평범한 사람들이 생활 속에서 큰 소리로 협박할 만한 일은 좀처럼 없다. 그러나 공갈이나 협박에 정말 효과적인 목소리는 굵고 커다란 목소리가 아니라 오히려 차분하고 조용한 목소리이다. 차분하지만 약간 낮은 목소리로 "이대로라면 신용을 잃습니다. 차후에 곤란한 일이 생기지 않기를 바랍니다" 하고 속삭이듯 말하는 것이다.

때로는 진심으로 걱정하는 척하며 자연스레 추궁해간다. 그러나 추궁당하고 있다는 사실을 상대방이 눈치채지 못하게 하는 것이 중요하다. 위협을 한다면서 진심으로 걱정을 하다니, 이상하게 들릴지도 모르지만 사실 이 부분이 가장 중요한 포인트이다. 조용하고 부드러운 목소리로 추궁해야만 상대방의 심층 심리를 건드려 깊이 파고들 수 있다.

이에 따라 상대방은 공포를 느끼기보다는 문제의 해결 방법에 대해 진지하게 고민하기 시작한다. 이렇게 되면 승리가 눈앞에 보인다. 위협이 99퍼센트 성공했다고 봐도 무방하다.

굵고 커다란 목소리로 위협을 하면 처음 한두 번은 효과가 있을지 모르나 그것이 반복되다 보면 상대방은 이에 익숙해져서 더 이상 당신을 두려워하지 않게 된다.

예를 들어, 상사가 무서운 얼굴로 부하를 매도하고 협박한들, 당하는 사원들은 그런 일에 이미 익숙해져 있으므로 별다른 느낌을 받지 않는다. 상사가 고함치고 날뛰는 모습이 무섭기는커녕 그저 시끄러운 배경음악 정도로밖에 느껴지지 않을 것이다.

당신의 칭찬에
중독되게 하라

고압적이고 잘난 체하기 좋아하는 사람만큼 대하기 곤란한 사람이 또 있을까. 여기에 관한 일화 가운데 비행기에서 일어난 이야기가 있다. 사건의 주인공은 텔레비전에 자주 얼굴을 내비치는 유명인이었다. 그는 비행기 이륙 시에 좌석 등받이를 바로 해달라는 승무원의 주의를 듣고는 화를 내며, "너 같은 건 당장 해고시켜 버릴 수 있어!" 하며 펄펄 뛰었다. 게다가 그는 그 일에 대해 반성은커녕 마치 영웅담이라도 들려주듯 오히려 자랑스럽게 떠벌리고 다녔으니, 우스꽝스러운 일이 아닐 수 없다.

이런 사람들은 자신이 부와 명성, 권력, 지위 등을 지녔다는 이유로 아무렇지도 않게 무례한 행동을 한다. 또한 권력자라면 이런 고압적인 행동은 괜찮다는 인식이 사회 전반에 암묵적으로 퍼져 있는 것도 사실이다.

함부로 말하는 사람에게 함부로 대하는 법

또한 이러한 사람들은 회장이라면 자기 회사나 업계에서는 으스댈 수 있다거나 비행기의 일등석 승객은 비싼 요금을 지불한 만큼 승무원에게 고압적인 태도를 취할 수 있다고 생각한다. 이는 할인 항공권을 구입하여 일반석에 탑승한 사람에게는 어림도 없는 일이며, 이것이 현실이라는 식이다. 일등석과 일반석 사이에는 절대로 무시 못할 격차가 엄연히 존재한다고 생각해버리는 것이다.

고압적인 사람은 그 기질이 이미 습관처럼 몸에 배었기 때문에 자신의 권력이나 재력과는 무관한 사람에게까지 고압적으로 행동한다. 이런 유형의 사람은 혼자서 길을 걸어갈 때조차 뽐내며 으스댈 정도다. 그러나 이런 사람일수록 사실은 소심한 성격의 소유자가 많다. 그렇기 때문에 항상 고압적인 태도로 일관하지 않으면 불안감을 느끼게 된다. 심리학 책의 내용을 참고하자면, 이 같은 행위는 자신을 뽐냄으로써 스스로의 존재가치를 재확인하려는 심리가 투영된 것이라고 한다.

이런 사람을 대할 때는 일단 철저하게 띄워주어야 한다. 즉, 실컷 비행기를 태운 후 신이 나서 더더욱 뽐내게 하는 작전을 쓴다. 하늘까지 닿도록 칭찬으로 높이높이 띄우는 것이다. 일단은 앞뒤 재지 말고 그에 관한 것이면 무조건 다 칭찬한다. 양복과 구두가 실제로 잘 어울리건 말건 말이다.

"오늘 구두는 한결 더 멋지십니다. 수제화인가요? 역시 감각이 남다르십니다"라든지, "대단하십니다. 역시 남다른 발상이네요" 혹은 "많은 도움이 되었습니다. 이렇게 이 자리에 있는 것만으로도 영광스럽습니다" 등등. 상대방은 물론이고 말하는 본인까지 낯 뜨거워지는, 속이 뻔히 들여다보이는 대사를 뻔뻔스럽게 말하기만 하면 된다.

지나치게 부자연스럽고 어딘지 모르게 어색한 칭찬의 말에 상대방이 '혹시 속으로는 다르게 생각하는 거 아냐?' 하고 눈치챌지도 모른다. 그러나 그것 역시 작전의 한 부분으로 여겨라. 끊임없이 띄우고 칭찬하면, 상대방은 처음엔 의심을 품다가도 점차 칭찬을 듣는 쾌감에 빠져들 것이다. 으스대기 좋아하는 사람은 특히나 칭찬을 좋아해서 마치 마약 중독처럼 칭찬의 중독에서 빠져나오지 못한다.

이렇게 되면 다 이긴 경기다. 이후로는 상대방의 마음을 조종하는 일만 남았을 뿐이다.

태도 돌변 테크닉을 활용하라

사회인이라면 누구나 업무 과정에서 생각지 못한 굴욕감을 맛본 경험이 있을 것이다. 다시 안 볼 것도 아니면서 아무렇지 않게 타인에게 모욕감을 안겨주는 사람이 의외로 많다.

그러나 만일 그것이 부당한 모욕이라면 어떻게 해야 할까? 잠자코 넘어가면 언제 또다시 그런 일이 생길지 모른다. 모욕당한 사람은 인간 대 인간으로서 넘어서는 안 될 선을 넘었다고 생각한다. 이를 상대방이 깨닫게 해주어야 한다.

이때는 태도를 바꾸어 무게 있는 모습을 보여주는 것이 좋다. 목소리는 크지 않아도 된다. 의식적으로 목소리를 낮추고 의연하게 "그건 당사자 앞에서 함부로 할 말이 아니군요. 지나친 모욕입니다" 혹은 "그 말씀은 상당히 모욕적이군요. 절대 납득할 수 없는 일입니다" 하고 쏘아준다.

태도를 180도 바꾸면 이에 놀란 상대방은 분명 꼬리를 내릴 것이다. 상대방의 기를 꺾고 압력을 가하는 것이 당초의 목적이므로 커다란 목소리로 소리치며 협박해서는 안 된다. 또한 그럴 필요도 없다. 상대방이 협박당한다고 느낀다면 그것이 후에 당신에게 좋지 않은 영향을 끼칠 수도 있기 때문이다.

낮은 목소리로 "자존심이 상했으니 사과를 받아야겠습니다"라고 말한다. 그러고 나서 다시 한번 "사과할 때까지 물러나지 않겠습니다" 하고 당신의 생각을 강조한다.

별것 아닌 일로 남에게 모욕을 주는 사람일수록 본인이 당했을 때 의외로 큰 굴욕감을 느낀다. 보통 이런 사람은 남에게 용서를 구하는 것을 최대의 수치요, 굴욕이라 생각하므로 실컷 맛보게 해야 한다. 한번 그렇게 해두면 이후로는 당신을 함부로 대하지 못할 것이다.

샘이 많은 사람이
당신을 신경 쓰기 시작했다면

승부욕이 강한 사람은 기가 세다. 남에게 지는 것이 무엇보다 큰 굴욕이며 참을 수 없는 고통이기 때문에 절대로 지지 않으려 한다. 이런 사람에게 라이벌로 찍히면 그때부터 당신의 인생은 피곤해진다. 개중에는 승부를 위해서는 수단과 방법을 가리지 않는 사람도 있다. 자신보다 뛰어난 사람을 발견하면, 그 존재 자체를 받아들이지 못하고 범죄까지 저지르는 경우도 있다. 이런 사람과 라이벌 관계가 되는 것만은 무슨 수를 써서든 피하고 싶지만 상대방이 일방적으로 라이벌이라 규정지어 버리니 속수무책이다.

그렇다면 실제로 그런 상황에 빠졌을 때 어떻게 대처해야 할까? 승부욕이 강한 사람은 자신이 더 뛰어나다는 생각이 들어야만 직성이 풀리는 성격이다. 그러므로 본인의 약점이나 자신 없는 부분을 속속들이 드러내는 방법을 사용하는 것이 좋다.

236

예를 들어 김 군이 대학 입시를 앞둔 수험생이라고 하자. 그리고 김 군은 승부욕 강한 박 군에게 "난 사립 명문대에 가고 싶지만 형제가 많아서 우리 집 형편상 사립은 어려울 것 같아. 그래서 그냥 이 지역의 국립대학으로 결정할까 해"라고 말한다. 그러면 박 군은 "우리 집에서는 서울에 있는 대학에 보내준다고 했는데" 하고 아주 자랑스럽게 말할 것이다.

명품 가방을 좋아하는 여자 친구들의 경우도 마찬가지다. 이 씨가 "나도 그 가방 너무 갖고 싶지만 이번 달은 지출이 많아서 불가능해"라고 말하면, 승부욕 강한 강 씨는 그 이야기에 매우 흡족해할 것이다. 사실은 이 씨가 이미 모든 것을 사들였다 해도 그 사실을 강 씨에게 알리지만 않으면 된다.

혹여 당신이 상대방보다 우위에 있다는 단서를 실수로라도 절대로 보여서는 안 된다. 그렇게 함으로써 상대방은 당신이 자신의 라이벌이기엔 부족하다는 판단에 당신에게서 흥미를 잃을 것이다. 그러면 당신에게 향했던 화살이 다른 사람을 향해갈 것은 안 봐도 뻔하다. 승부욕이 강한 사람에게는 당신이 그의 라이벌이 될 만한 수준에 못 미치는 존재라는 인식을 심어주어 안심시키는 것이 최선의 방법이다.

함부로 말하는 사람에게 함부로 대하는 법

말주변이 없는
사람을 위한 테크닉

일반적으로 말주변이 없는 사람은 달변가를 당해낼 재간이 없다는 인식이 지배적이다.

토론을 할 때도 언변이 좋은 사람이 항상 이긴다. 논리적인 주장이건, 논리라는 이름의 궤변이건 당연히 말주변이 좋은 달변가가 이기게 마련이다. 달변가는 항상 말로써 상대방보다 우위를 차지한다. 그런 사람을 말로 상대하려다 보면 당연히 질 수밖에 없지 않은가.

그러나 논리적인 말을 무기로 하는 달변가가 말주변이 없고 논리적인 영역을 벗어난 사람을 상대한다면 어떨까. 달변가가 논리가 아예 통하지 않는 사람을 논리로 설득히기란 거의 불가능에 가깝다.

비즈니스 협상이나 혹은 세일즈맨과 개인적으로 협상할 때도 이 방법을 활용할 수 있다. 이때 논리적으로 맞서지 말고 아예 직감에만 전적으로 의지하는 것이 좋다.

또한 직감적으로 사람이나 사물의 본질을 꿰뚫는 능력이 뛰어난 사람에게 동석을 부탁하는 방법도 있다. 그가 논리가 아닌 경험으로 세상 물정에 밝은 사람이라면 금상첨화겠다. 이런 사람은 논리에 현혹되는 일 없이 상대방의 사기성을 훤히 들여다볼 수 있기 때문에 말솜씨만 뛰어난 사람에게 속아 넘어갈 일이 없다.

상대에 따라
자세를 바꾸는 테크닉

누구에게나 한결같은 태도로 대하는 사람이야말로 성실한 인간인 것만큼은 틀림없는 사실이다. 하지만 현대 사회에서 그렇게만 살아가다가는 자기만 손해이다. 예를 들어, 쉽게 거짓말을 하거나 자신의 잘못을 타인에게 전가시키는 사람을 성실한 마음가짐으로 대한다면 어떻게 되겠는가.

그런 사람은 당신의 성의나 성격을 악용할 수 있다. 그러므로 그런 사람에게 성의를 다하는 것은 애초부터 숙이고 들어가는 것이나 마찬가지이다. 상대방은 그런 당신을 만만하게 생각할 것이며, 그로 인해 모든 것이 상대방의 생각대로 움직일 것이다.

그렇다면 이럴 때 어떻게 대처해야 할까?

그런 타입의 사람에게는 서양 사람들이 자주 하는, 양손을 펼쳐 보이는 제스처를 취하며 "그런 말도 안 되는 소리가 어딨어?" 하며 깔보는 듯한 태도를 보이는 것이 효과적이다.

저자세보다는 고압적인 태도를 보이는 것이 현명한 처사이다. 그렇게 하면 상대방도 당신을 우습게 보지 못할 것이다.

일반적으로 타인을 대할 때는 자신을 낮추고 공손하게 대해야 한다고 하지만, 사실 상대방이 어떤 사람이냐에 따라 취해야 할 태도도 달라지게 마련이다. 업무 관계에서도 필요 이상의 저자세로 나갈 필요는 없다. 겸손한 사람이라며 존중해주는 사람도 있기는 하지만, 세상에는 그런 사람만 있는 것은 아니기 때문이다.

항상 남들의 머리 위에 서려는 사람, 혹은 자만과 교만에 빠져 타인을 무시하는 사람이 압도적으로 많다. 어리석은 자에게 머리를 숙여봤자 업신여김만 당할 뿐이다. 존경할 만한 사람이나 존경해야 할 사람 앞에서는 항상 겸손한 자세를 취해야 하지만, 그렇지 않은 사람에게라면 경우에 따라서 고압적으로 대할 필요도 있다. 즉, 상대가 어떤 사람이냐에 따라 태도를 바꾸는 것이 현명한 대처법이다.

직장 상사를
내 편으로 만드는 법

직장 상사들 가운데는 여러 타입이 있다. 자신의 상사가 어떤 타입인지 파악하여 그에 따라 대하는 방식에 변화를 주면 상사라도 당신 뜻대로 움직일 수가 있다.

먼저, 본인은 손 하나 까딱 안 하면서 부하에게 온갖 지시를 내리고 모든 것을 총괄하기를 좋아하는 상사를 구워삶으려면 어떻게 해야 할까? 이런 타입의 상사는 실적은 그저 그렇지만 근무 태도만은 성실하며, 출근 시간이 정확하고, 언제 전화해도 바로 연락이 되는 부하를 선호하고 높이 평가한다. 반면 아무리 업무 실적이 좋다고 해도 출근 시간은 제멋대로이고, 통 연락도 되지 않는 부하는 곱지 않은 시선으로 본다.

따라서 이런 타입의 상사에게는 수시로 먼저 연락을 취하는 것이 좋다. 외출 허가, 회의 시간과 그 내용, 회사로 돌아오는 시간, 일의 진척 상황까지 낱낱이 보고하면 상사는 대체로 안심하며 당신을 신용할 만한 부하로 눈여겨보기 시작할 것이다. 이런 상사는 보고만 제때 해주면 되니, 부하된 입장에서는 그저 고마울 따름이다.

어느 직장이든 자신이 일해온 방식을 고집하면서 부하의 진언에는 귀를 기울이려 하지 않는 상사가 있게 마련이다. 말하자면 아집으로 똘똘 뭉친 꽉 막힌 고집불통. 어떻게 하면 이런 상사를 잘 구슬려 앞으로 일을 편하게 할 수 있을까? 달리 생각해보면 완고하고 융통성이 없다는 것은 곧 성실하고 의리가 있으며 기본적으로 신뢰할 수 있음을 뜻한다. 따라서 그러한 성격을 역이용하는 방법을 생각해보자.

이런 상사에게는 심리학에서 말하는 '클라이맥스 법'이라는 화법이 유용하다. 이는 서로에게 해가 되지 않을 지극히 평범하고 일상적인 얘기로 말문을 연 뒤 본론으로 들어가는 방식이다. 보수적인 사람은 다짜고짜 이야기의 본론부터 꺼내면 경계하려 들기 때문이다.

또한 이런 타입의 사람은 자신의 옛 경험담을 떠벌리고 싶어 하는 경향이 있다. 그러므로 상대방이 그런 얘기를 꺼내면 묵묵히 그 얘기에 귀 기울여주고, 그 이야기에 맞는 반응을 보이도록 한다. 그리고 상사가 즐거워하는 것을 확인했으면 이 틈을 타 얼른 본론의 용건을 꺼낸다. 그러면 상대방도 당신의 얘기를 도저히 거부할 수 없을 것이다.

함부로 말하는 사람에게 함부로 대하는 법

기계적이고 인간미 없는 사람을
대하는 법

업무상 자주 만나도 절대 친근함을 드러내지 않고, 용건을 이야기할 때
도 기계적인 답변만을 내놓는 사람이 있다. 물론 업무적인 안건에 대해
서도 마찬가지이다. 찬성인지 반대인지 자신의 의견을 확실히 하지 않
으며, 적극적인지 소극적인지 태도조차 불분명하다. 이런 사람은 줄곧
그런 태도로 일관한다. 지극히 평범한 정서와 상식을 지닌 사람이라면
이런 사람과 만나 함께 이야기를 나누는 것이 마치 고문처럼 느껴질 것
이다.

  그렇다고 이런 유형의 사람들이 해야 할 일을 대충대충 하는 스타일
도 아니다. 오히려 이런 타입 가운데 교활하고 빈틈이 없어 항상 경계
해야 할 사람이 많다. 이런 사람은 대화 중에 줄곧 잠자코 있다가 어느
순간 마치 시간이라도 잰 듯 느닷없이 자신의 의견을 주장하면서 상대
방을 날카롭게 지적해 들어온다. 그때까지는 상대방이 하는 이야기를

들을 만큼 듣다가 상대방의 논리에서 약간의 허점이라도 발견했다 싶으면 그 틈새를 비집고 공격해오는 것이다. 말하자면 기계적이고 사무적인 태도를 고수하는 철면피로, 이런 사람에게는 보편적인 정서가 결핍되어 있는 듯하다. 게다가 쉽게 거짓말을 하는 사람도 있다.

만일 이런 사람의 페이스에 말려든다면 당신은 그 사람이 조종하는 대로 움직일 수밖에 없다. 기계적인 대응에는 똑같이 기계적인 대응으로 맞붙는 것이 현명한 처사이다. 따지기 좋아하는 사람은 자신과 같이 따지기 좋아하는 사람에게 약하고, 설교하기 좋아하는 사람은 매사에 설교하는 사람에게 약한 법이다. 또한 정이 많은 사람은 똑같이 정이 넘치는 사람에게 약하다. 사람은 대체로 자신과 비슷한 부류의 사람에게 약하기 때문이다.

따라서 기계적인 사람을 대할 때는 어디까지나 꼼꼼하게 논리를 따져가며 이야기하고 대화 중에 절대로 감정을 섞지 않아야 한다. 만일 상대의 감정에 호소하여 자신의 정당성을 주장하려는 작전이라면 당장 포기하는 것이 좋다. 이런 사람에게 그런 작전은 조금도 통하지 않는다. 오히려 그에게는 자신이 정당하다고 생각하는 이유를 논리정연하게 설명하는 것이 좋다.

일밖에 모르는 사람을
내 편으로 만드는 테크닉

일에 관한 한 한 치의 양보도 없는, 그저 일밖에 모르는 사람일수록 업무상의 인간관계와 개인의 사생활은 별개라는 생각을 지니고 있다. 이런 사람은 제아무리 함께 일을 하면서 밀접한 관계로 발전한다 하더라도 자신의 개인적인 이야기는 절대로 입 밖에 꺼내지 않는다.

개중에는 이런 사람도 있다. 찾아온 손님이 서로 인사를 나눈 뒤에, "요즘은 내내 비만 오네요"라고 말문을 열면, "날씨 이야기는 관둡시다. 용건이 뭐죠?" 하고 말한다. 말을 건넨 사람이 무안할 정도로 퉁명스럽게 구는 사람이다.

그러나 이런 사람에게도 약점이 있다. 의외라고 생각할지 모르겠지만 그것은 바로 그의 사생활 영역에 속하는 가족에 관한 것이다. 예를 들어, 상대방의 기분이 좋을 때 타이밍을 노리고 있다가 "그런데 부장님, 따님이 벌써 고등학생이죠? 부장님을 닮았으면 참 예쁘겠네요" 하고 넌지시 가족에 관한 이야기를 흘려본다.

"응, 아주 예쁘지. 이제 고등학교 3학년인데, 음대를 지망하고 있어"
하고 신이 나서 대화에 동참하면 거의 성공한 것이나 다름없다.

그때 부장의 얼굴을 잘 관찰해보라. 부장의 트레이드마크인 완고함
은 온데간데없이 사라져버렸을 것이다. 부장은 다시 어떻게든 지금의
헤벌쭉한 얼굴을 원래 상태로 돌려놓으려 하지만 생각대로 되지 않는
지 얼굴을 요상하게 찡그리며 이렇게 말할 것이다.

"우리 딸내미 얘기는 이쯤에서 그만하도록 하지. 어쨌거나 이 조건
대로 해주지 않으면 우리도 다른 거래처를 찾아보는 수밖에 없네. 잘
생각해서 검토해주게."

말은 위엄 있는 척 그럴싸하게 할지 모르나 딸 얘기만 나오면 정신
을 못 차린다는 사실을 당신에게 들킨 이상 게임 끝이다. 분명 부장은
마치 중독처럼 당신에게 딸에 관한 이야기를 하고 싶어 할 것이다.

꼰대 상사가
되지 않는 법

유치원에 다닐 때는 어리광만 부리던 아이가 초등학교 입학과 동시에 갑자기 훌쩍 어른스러워지는 경우가 있다. 혹은 1학년 때는 제멋대로였던 학생이 한 학년이 올라가고 후배가 생기자 배려 깊고 믿음직스러운 훌륭한 선배로 변모하기도 한다. 이는 초등학생, 혹은 선배라는 역할을 부여받은 아이가 나름대로 그 역할에 맞는 태도를 취하고자 하는 행동의 변화이다.

물론 이는 어른에게도 해당된다. 젊은 나이에 회사를 물려받은 청년이 있다고 하자. 처음에는 마치 학생 같아서 어쩐지 든든한 구석이 없었지만, 매일같이 사장님이라는 호칭으로 불리는 시이 자연스레 관록도 생기고 실력도 붙는 경우가 바로 그렇다.

이러한 역할의식을 잘만 활용하면 타인의 행동을 당신의 의지대로 컨트롤할 수 있다. 부서에 항상 불만으로 가득 차 있는 투덜이 부하직원이 있다면 일부러 그에게 모든 것을 총괄하는 역할을 맡기면 된다. 그는 총괄이라는 자신의 역할에 얽매여, 스스로 조직 내의 조화를 어지럽히는 언행은 삼갈 수밖에 없다. 혹은 단체 행동 시 지각이 잦은 사람에게 총무 역할을 맡긴다. 이렇듯 불평불만만 늘어놓는 사람에게는 중요한 역할을 맡김으로써 그 사람을 컨트롤할 수 있다.

실력은 있지만 평가는 좋지 않은 부하라면 어떻게 다루는 것이 좋을까? 젊고 실력 있는 사원인 신 씨는 의외로 사내에서 평판이 좋지 않다. 하지만 막강한 실력을 겸비하고 있기 때문에 미리 당신 편으로 만들어놓으면 나중에 큰 도움이 된다. 실력에 관해서는 스스로 자신이 있기에 새삼스레 다른 사람의 칭찬 같은 건 필요 없다. 그렇다면 어떤 방법을 써야 할까? 당신은 신 씨의 불만에 대해 구체적으로 알아둘 필요가 있다.

능력을 인정해주지 않는 상사에게 불만을 품고 있는지, 아니면 그런 회사 시스템 자체에 문제가 있는지, 혹은 현재의 업무 환경에 불만이 있는지, 그도 아니면 발령받은 업무 내용이 마음에 들지 않는지 등을 그와의 대화 속에서 찾아내야 한다. 이야기를 잘 들은 후, 그 사람의 현재 고민과 불만이 구체적으로 어떤 것인지를 진심으로 이해해주면 의외로 간단히 그를 당신 편으로 만들 수 있다.

쿨병에는
쿨몽둥이로.

chapter 5

착한 어른
콤플렉스 고치는 법

'좋은 사람'과 '호구'의
아슬아슬한 경계선 넘나들기

거부감을 없애는
'YES, BUT 화법'

사람을 만날 때는 첫인상이 중요하다. 우수한 영업사원은 좋은 인상을 심어주기 위해 상대의 취미나 전공을 잘 조사하여 대화할 때 상대를 즐겁게 해준다. 첫 만남에서 좋은 인상을 주면, 그 후 다소 상대에게 실수를 해도 그리 문제가 되지 않는다.

첫인상을 좋게 하려면 대화에 신경을 써야 한다. 상대가 자신과 다른 의견을 말할 때, "그렇지 않습니다"라고 되받으면 상대는 기분이 상하고 말 것이다. 옳은 견해로 상대의 그릇됨을 공격하면 감정의 찌꺼기를 남기게 된다.

그렇다면 일단 상내의 의견에 고개를 끄덕여주도록 하자. 사람이라면 누구든 자신의 생각이나 의견을 부정당하면 마음에 상처를 입는다. 그 반대로, 상대가 자신의 말에 맞장구를 치면 기분이 좋다.

상대가 터무니없는 말을 하더라도 무조건 긍정해준 다음에 그런데,

하고 자신의 의견을 말하도록 하자.

"그렇지요. 옳은 말씀입니다. 나도 그렇게 생각합니다."

그렇게 동감을 표현한 뒤, '그러나 이러저러한 점에서는 좀 다르지 않을까' 하고 완곡하게 자신의 의견을 드러낸다. 그것이 처음에 동의한 것과는 정반대라도 상관없다. 어쨌든 상대의 의견을 인정해준다는 것이 중요하다.

이런 대화를, 처음에는 YES라 한 다음 BUT으로 진행되기 때문에 'YES, BUT 화법'이라고 한다. 활용 방법은 다양하다. YES라고 한 다음, "한 가지 질문을 해도 괜찮겠습니까?"라고 할 수도 있다. 질문을 하면서 상대의 의견에서 발견되는 모순이나 결점을 은근히 지적하는 것이다.

또는 YES라고 한 다음, 잘 모르는 게 있으니 좀 가르쳐달라고 하면서 반론을 펴는 것도 좋은 방법이다. 어느 쪽이든 상대를 치켜세워놓고 반론을 펼치는 것이 포인트이다. 그러면 상대는 기분 좋게 이쪽의 말에 귀를 기울여줄 것이다.

상대의 불안을
해소시키는 테크닉

자장면을 시켰는데 빨리 안 오는 경우가 있다. 전화를 해서 어떻게 되었느냐고 하면, 지금 출발한다고 한다. 그러나 한참을 기다려도 안 온다. 다시 전화를 하면, 도착할 때가 된 것 같다고 모호하게 말한다.

요즘은 피자건 자장면이건 배달이 일반화되어 그렇게 늦어지는 법이 없지만, 얼마 전만 해도 이런 일이 비일비재했다. 그래서 30분 내로 배달이 안 되면 50퍼센트를 깎아준다든지, 아예 돈을 안 받는다고 광고하는 식당도 있다.

심리적으로 인간은 정보가 없으면 불안해한다. 배달을 시켜도 언제 올지 모르는 상태에서 고객은 심리적 불안을 느낀다. 그러나 설령 배달이 늦는다 하더라도 언제 오는지 분명히 알면 심리적 스트레스가 없어진다.

가령 한 시간 후에는 외출을 해야 하는데 생각지도 않게 10분 전에 음식이 배달되면 먹을 시간이 없다.

그러나 미리 50분 후에 음식이 온다는 정보를 가지고 있으면, 상황에 따라 외출 시간을 뒤로 늦추든지, 배달을 포기하든지, 아니면 다른 준비를 다 갖추어놓고 10분 내로 먹고 가든지 선택이 가능하다.

가전제품을 수리할 때도 마찬가지다. 고장 난 제품을 아무런 정보도 주지 않고 그냥 가져가버리면 고객은 속은 기분에 사로잡힌다.

도대체 수리가 되는 건지, 시간은 얼마나 걸리는지, 요금은 얼마인지 알고 싶어 하는 것이 고객의 심리이다. 경우에 따라서는 새로 사는 게 싸게 먹힐 수도 있다.

이럴 때, 제품을 가져간 그날 안으로 수리에 관한 모든 사항을 알려주는 시스템을 갖추어둔다면 고객에게 호평을 받을 것이다. 실제로 그렇게 하는 제조업체도 있다.

지금은 관공서건 대기업이건 '정보 공개'의 시대를 맞이하고 있다. 병원에서도 환자에게 정보를 주고 치료에 대한 동의를 구한다. 세금이 엉뚱한 데로 새는 건 아닌지, 상품에 하자가 있는 건 아닌지, 자신의 병이 얼마나 깊은지, 누구든 알고 싶어 한다. 그런 정보가 없으면 누구든 불안에 빠진다.

그런 의미에서 정보를 던져주는 것은 상대의 불안을 해소하고 신뢰감을 얻는 하나의 수단이 된다.

그렇다고 모든 정보를 알려줄 필요는 없다. 극히 일부만 주어도 상대는 불안감을 떨쳐버리고 이쪽을 신뢰하게 될 것이다.

착한 어른 콤플렉스 고치는 법

상대를 내 사람으로
만드는 테크닉

중년의 전업주부가 갑자기 파트타임으로 일하는 경우가 있다. '자식이 다 컸으니까', '가계에 조금이라도 도움이 되려고', '용돈이 필요해서' 등이 그 이유이다. 그러나 '누군가에게 인정받고 싶어서'라는 것도 있다.

가정에서는 남편이나 자식을 위해 아무리 일을 해도 칭찬받지 못한다. 그런데 일터에서 손님에게 고맙다는 말을 들으면 기분이 좋다. 매니저의 부탁으로 잔업을 하고 나서 고맙다는 말을 들으면, 그 말이 너무 좋아서 계속 일을 하게 된다.

이처럼 우리는 다른 사람에게 인정받고 싶어 하는 승인욕구를 가지고 있다. 샐러리맨이 매일 만원전철을 타고 회사에 다니는 것은 돈을 벌기 위해서이기도 하지만, 일을 통해 인정받고 싶기 때문이기도 하다.

출세를 포기한 샐러리맨이 취미에 열정을 쏟는 것도 다른 사람에게 인정받고 싶은 욕구 때문이다. 일에서 얻을 수 없는 만족감을 취미를 통해 얻는 것이다.

이러한 심리를 잘 활용하면 이성에게 호감을 사는 것도 좀 더 수월해진다. 예를 들면, 소개팅에서 만나 마음에 든 상대와 대화를 나눌 때는 칭찬의 말을 아끼지 않도록 하자.

"센스가 있으시네요", "패션 감각이 뛰어난 것 같아요", "좋은 분을 만나게 된 것 같아요"라는 말을 적절한 타이밍에 던져본다. 인간은 자신을 인정해주는 사람에게 호감을 가지기 마련이다.

착한 어른 콤플렉스 고치는 법

당장 가질 수 없는 것에 대한 욕구를 활용하라

늦은 점심을 먹으러 백반집에 갔더니 좋아하는 갈치조림이 다 팔리고 없었다. 할 수 없이 고등어구이를 먹었다. 그 사람은 다음 날 점심때도 갈치조림을 먹으러 그 집에 간다.

누구든 한번쯤은 경험해보았을 것이다. 간단히 손에 넣을 수 있으리라 기대한 것이 손에 들어오지 않으면, 그에 대한 욕구가 더 강해진다.

다음과 같은 실험이 있다. 이틀에 걸쳐 행한 실험인데, 첫날은 '좋아하는 음악을 조사한다'고 하여 피실험자에게 4장의 CD를 들려주고 각 곡에 대한 평가를 듣는다. 그런 다음 "내일 조사가 끝나면 4장 가운데 마음에 드는 1장을 느린다"라고 말해둔다.

그리고 다음 날, 실험이 시작되기 전에 "4장 가운데 1장은 준비가 되지 않아 드릴 수 없습니다. 다음 3장 가운데 1장을 선택해주세요"라고 말한다. 그런 다음 어제와 똑같은 음악을 들려주고, 다시 한번 평가를 하게 한다. 그러면 3장은 전날과 거의 같은 평가가 나오지만, 없는 1장에 대한 평가는 더 높아진다.

이처럼 없는 것을 더 원하는 마음을 심리학에서는 '심리적 반발'이라고 한다. 인간관계에서도 흔히 찾아볼 수 있다. 일요일에 데이트 약속을 해두었는데 갑자기 급한 일이 생겨 취소하고 말았다. 그러면 평소보다 더 만나고 싶어져 깊은 밤인데도 차를 몰고 애인을 만나러 간다.

이런 심리를 이용하면 상대의 마음을 자기 쪽으로 끌어올 수 있다. 상대가 만나고 싶어 할 때마다 OK 사인을 보내면, 두 사람의 관계는 매너리즘에 빠지기 쉽다.

가끔은 "2주일 정도는 바빠서 만날 수 없다"고 데이트를 거절해보자. 그러면 상대의 욕구는 더 강해지고, 이전보다 자신을 더 매력적인 사람으로 여기게 된다.

착한 어른 콤플렉스 고치는 법

하기 싫던 일도 열심히 하게 만드는
칭찬 테크닉

어린이는 칭찬으로 자란다는 말이 있는데, 이건 심리 실험으로도 확인된다. 미국의 심리학자 허록은 초등학생을 대상으로 다음과 같은 실험을 했다. 어린이를 세 그룹으로 나누고 덧셈 문제를 풀게 한 뒤, 그룹별로 그 후의 대응을 바꾸어보았다.

A그룹은 성적이 좋고 나쁨에 관계없이 무조건 칭찬한다. B그룹은 성적에 관계없이 무조건 나무라고, C그룹에 대해서는 그냥 무시해버린다.

이 실험을 5일간 계속한 결과, A그룹은 5일 동안 계속 성적이 좋아졌다. B그룹은 처음 3일은 성적이 좋아졌지만, 그 뒤로는 나아지지 않았다. C그룹은 거의 성적에 변화가 없었다.

무시당하기보다는 꾸지람을 듣는 쪽이 성적 향상에 좋다. 그러나 한계가 있다. 어린이를 공부시키고 싶으면 칭찬하는 것이 가장 좋다는 결론이 나온다.

칭찬은 어린이의 성적을 올리는 데만 효과가 있는 것이 아니다. 심리학자 긴과 스토너는 이런 실험을 했다.

두 사람 가운데 한 사람을 학생 역, 또 한 사람은 선생 역을 주고 선생이 학생에게 과제를 내는데 답을 맞히면 다음 과제를 주고 틀리면 전기 충격을 주었다. 이 전기 충격은 1에서 10까지 강도를 설정하여 선생이 자기 마음대로 강도를 조절할 수 있게 했다.

처음에는 학생을 배려하여 약한 전기 충격을 준다. 그런데 긴과 스토너가 강한 전기 충격을 주었을 때 그 선생을 칭찬하자, 점점 상황이 바뀌어갔다. 그 선생은 학생에게 무조건 강한 충격을 주기 시작했다.

사람이라면 누구든 특별한 이유도 없이 다른 사람을 고통스럽게 하는 강한 전기 충격을 주고 싶어 하지 않는다. 그 충격의 강도를 자신의 의지로 조절할 수 있을 때는 더욱 그렇다. 그런데 누군가가 칭찬을 하면 서서히 그런 감각이 없어진다. 칭찬하는 행위는 하고 싶지 않은 일도 하게 만드는 묘한 힘을 발휘한다.

이런 심리적 경향을 잘 이용하면 싫어하는 일이나 귀찮은 일을 열심히 하게 만들 수도 있다. "정말 잘했어", "그런 식으로 계속 부탁해" 하고 칭찬하면 그 사람은 기대한 것보다 더 열심히 일을 하게 되는 것이다.

착한 어른 콤플렉스 고치는 법

잠재력을 끌어내는
피그말리온 효과

윗사람은 일 못하는 부하를 어떻게 다루어야 할지 늘 고민한다. 서점의 비즈니스 코너에 '부하를 성장하게 하는 방법', '부하를 나무라는 방법'을 다룬 책들이 많은 것도 다 이 때문이다.

'저놈은 구제불능이야' 하고 포기해버릴 수도 있지만, 그런 자세가 부하를 더 궁지로 몰아넣는다. 그것보다는 그런 무능한 부하라 해도, 기대를 걸고 있다는 태도를 취해 동기부여를 하는 편이 바람직하다.

심리학에서는 이것을 '피그말리온 효과'라고 한다. 그리스 신화에 나오는 피그말리온이라는 왕의 이름에서 따온 것인데, 그 왕은 자기 방에 징식된 조각품에 홀려서 '세상에 이런 여자가 있으면 얼마나 좋을까' 하고 한숨만 내쉬며 살고 있었다. 그 모습을 안타깝게 여긴 여신이 그 조각에 생명을 불어넣어 왕과 그녀를 결혼시킨다는 이야기이다.

석상을 앞에 두고서도 '이게 사람이라면 얼마나 좋을까'라고 열심히 생각하다 보면 정말로 그 석상이 미인으로 변해버린다. 물론 돌이라는 물질이 인간으로 변하지는 않겠지만, 심리의 세계에서는 언제든 일어날 수 있는 이야기이다. 그래서 어떤 기대를 품으면 그 기대가 현실로 나타난다는 것을 이 이야기에 빗대어 '피그말리온 효과'라고 부르게 되었다.

미국의 심리학자 로젠탈은 이런 실험을 했다. 초등학생을 대상으로 아이큐 테스트를 하고, 그 결과를 담임선생에게 가르쳐주었다. 그리고 특정 아이에 대해, "이 아이는 앞으로 학력이 크게 향상될 것입니다" 하고 말해주었다. 다만, 그 학생은 무작위로 선택한 것으로 실제의 아이큐 테스트 결과와는 아무런 관계도 없었다.

그로부터 1년 후, 같은 학생들을 대상으로 다시 아이큐 테스트를 해보니 담임에게 앞으로 많이 발전할 것이라고 말해두었던 아이의 아이큐가 다른 아이들에게 비해 훨씬 높았다. 그 아이는 지능뿐만 아니라 성적이나 학습 의욕도 높았다.

이것은 담임선생이 심리학자의 말을 듣고, 그 아이에게 기대를 품고 접했기 때문인 것으로 추정된다. '가능성 있는 아이'로 지목받고 또 그런 취급을 받으면 아이큐와 성적이 높아지는 것이다.

그렇다면 무능한 직원이라도 무조건 포기할 일이 아니다. 늘 잘한다고 칭찬해주고 앞으로 무한히 발전할 가능성을 가졌다는 희망을 주면, 아무리 무능한 사람이라도 발전하게 되어 있다. 인간이란 그런 생물이다.

그 직원에게는 무리하게 보이는 일이라도 일부러 시켜본다. 물론,

착한 어른 콤플렉스 고치는 법

처음에는 제대로 해내지 못할 것이다. 그럴 때 "자네라면 충분히 해낼 수 있을 거야" 하고 용기를 주고 기대하고 있다는 태도를 보인다. 그러다 보면 어느새 그는 능력 있는 사람이 되어 있을 것이다.

젊을 때 뭐든지 도전하라?
이 말 때문에 실패한 사람 많다

무엇이든 닥치는 대로 도전했다간 그 사람의 인생은 분명 산산조각이 나고 말 것이다. 인생의 선배들은 젊은이들에게 하나같이 입을 모아 이렇게 충고한다. "아직 젊으니까 여러 가지 일에 도전해보는 게 좋아. 그러다 보면 자신에게 맞는 일을 반드시 찾아낼 수 있을 거야. 나도 젊었을 때 하고 싶은 일은 너무 많았는데, 늘 시간이 부족했지"라며 자랑스럽게 말한다.

그렇다면 만족스러운 표정으로 이렇게 한바탕 설교를 늘어놓는 당사자의 삶은 과연 성공한 인생일까? 물론 성공한 사람도 있을 수 있겠지만, 다 그런 건 아니다.

대개는 고작해야 동호회에서 테니스를 했다든가, 아주 잠깐 영어회화 학원에 다녔다든가 하는 정도에 지나지 않는 경우가 많다.

"젊은 나이에 무엇에든 도전하라. 시간은 충분하다"와 같은 달콤한 말을 그대로 믿어서는 안 된다. 어정쩡하게 발만 담갔다 뺀다면 결국 사회에서 도태될 뿐 당신에게 돌아오는 것은 아무것도 없다.

호기심에 불을 지피는
정보 차단의 테크닉

텔레비전 퀴즈 프로그램을 보면 광고를 내보내는 타이밍이 아주 교묘하다. 문제가 나오고 출연자가 정답을 맞히려는 순간, 광고를 내보내는 것이다. 그냥 심심해서 쳐다보고 있던 시청자마저도 그 답이 무언지, 과연 출연자가 그 답을 맞힐지 궁금해한다.

인간의 심리적 욕구를 잘 이용한 광고 타이밍이다. 사람이란 정보가 차단되면 호기심이 일게 마련이다. 그리고 한번 차단되었다가 들어오는 정보일수록 기억에 오래 남는다. 이런 심리를 옛 소련의 심리학자 세이가르니크가 입증했다고 해서 '세이가르니크 효과'라 한다.

광고로 퀴즈 프로그램이 중단되는 동안 시청자는 질문과 답을 나름대로 생각해본다. 그러니 기억에 잘 남을 수밖에 없다. 정보가 차단되었을 때 더 알고 싶어지는 이런 현상은 일상생활에서도 쉽게 찾아볼 수 있다. 친구와 전화로 잡담을 나눈다. 친구가 묻는다. "고등학교 때 매일

싸움만 하던 그 꼴통, 요즘 뭐 하는지 알아?" 그때, 다른 급한 전화 때문에 대화가 끊어졌다고 하자. 평소에는 생각하지도 않던 그 꼴통 친구가 뭘 하고 있는지 갑자기 알고 싶어진다. 이것이 사람 심리다.

그렇다면 상대의 관심을 끌고 싶으면 이야기를 하다가 도중에 말을 끊어버리면 될 것이다. 신문에 끼어들어오는 전단지 가운데는 '몇 월 며칠에 중대한 발표를 하겠습니다!'라는 말만 적힌 것이 있다. 소비자의 궁금증에 불을 지피는 광고 수법이다. 가게 이름도 없고 날짜도 없고, 묘한 로고만 그려진 광고도 있다. 물론 소비자의 호기심을 끌어내기 위해서이다. 언제 어디서 어떤 가게가 오픈한다는 상세한 정보를 주면, 눈길도 안 주는 경우가 많기 때문이다.

예를 들면, 윗사람에게 전하고 싶은 정보가 있을 때는 윗사람이 외출하기 직전에 툭 말을 던져놓는 게 좋다. 중대한 말이지만 지금 당신이 외출을 하니까, 돌아온 후에 말을 하겠다고. 그러면 윗사람은 무슨 일인가, 하고 머릿속에 담아둔다. 외출에서 돌아온 후, 윗사람이 먼저 무슨 일이냐고 물을 수도 있다. 정보의 흐름을 방해하거나 잠시 차단막을 설치하면 상대의 호기심을 이끌어내어 강렬한 효과를 볼 수 있다.

착한 어른 콤플렉스 고치는 법

청개구리 심리를 이용해
마음을 움직이는 테크닉

신경증 환자를 치료하는 테크닉 가운데 '와욕요법(臥褥療法)'이란 것이 있다. 살고 싶지 않다며 손가락 하나 까딱하기 싫어하는 환자가 있다. 이런 환자는 그 환자가 요구하는 대로 맞을 보여주어야 한다. 원하는 대로 해주겠다고 일단 침대에 눕힌 다음, 식사와 화장실 용무 외에는 일어나지 못하게 해둔다.

그런 상태로 1주일 정도 지나면 환자의 마음에 변화가 일어난다. 몸을 움직이고 싶어 하고, 다른 사람과 대화를 나누고 싶어 한다.

인간이 본질적으로 가지고 있는 '살고 싶은' 욕구를 치료법으로 활용한 것인데, 일상생활에서도 응용이 가능하다. 일부러 하지 말라고 해서 상대에게 하고 싶은 욕구를 불러일으키는 것이다.

하지 말라고 하면 더욱 하고 싶은 게 인간 심리이다. 담배를 피우는 학생의 심리가 그렇다. 중고교 시절 냄새나는 화장실 같은 데 숨어서 담배 연기를 **빡빡** 빨아들이다가, 졸업 후 마음대로 피울 수 있는 처지가 되면 왠지 담배 피우고 싶은 마음이 없어진다. 그래서 담배를 끊었다는 사람들이 많다. 이들은 모두 금지되었기 때문에 담배에 매력을 느낀 경우이다.

예전에 미국 보스턴에서 이런 일이 있었다. 《칼리굴라》라는 고대 로마 황제의 이야기를 그린 영화가 개봉되었는데, 너무 잔혹한 데다 애정신도 과격해서 상영금지처분이 내려졌다.

그렇게 금지되자마자 이 영화는 큰 화제를 불러일으켜 보스턴 사람들은 인근의 다른 도시로 원정을 가서 영화를 보았다. 너무 인기가 높아지자 어쩔 수 없이 보스턴에서도 개봉이 허용되었는데, 사람들이 영화관으로 물밀듯이 밀려들었다고 한다.

심리학자 애쉬모어는 이런 실험을 했다. '어떤 이유로도 경찰관을 대학 캠퍼스에 출입시켜서는 안 된다'라는 주제로 강연회를 기획했다. 이 강연회의 일정을 알리는 포스터를 붙이고, '경찰관이 대학 구내를 출입하는 데 대해 어떻게 생각하는가'라는 앙케트 조사를 했다.

2~3일 후, 대학 당국이 '학생은 그 강연회에 가서는 안 된다'라는 금지 공고를 붙였다. 그 후 학생들에게 '경찰관이 대학 구내를 출입하는 데 대해 어떻게 생각하는가'라는 앙케트 조사를 벌였다. 그러자 강연회가 금지되기 전보다도 '반대한다'라는 태도가 많이 늘어났다.

이것은 강연회가 금지됨으로써 그 강연회에 높은 가치를 두는 사람이 늘어났음을 의미한다. 듣지 말라고 하면 더 듣고 싶어지는 것이 인

간의 심리이다.

그렇다면 무기력에 빠진 상대에게 힘내라고 격려하지 말자. 더 무기력하게 빈둥거리며 살라고 하는 편이 더 효과적이지 않을까.

아무리 나무라도 공부하지 않는 아이에게는 "공부해라"보다는 "공부하지 마"라고 하는 게 낫다. 금지당하면 오히려 하고 싶은 기분이 강해져 스스로 책상 앞에 앉는 것이다.

신비주의 마케팅이
아직 먹히는 이유

인간은 감추어진 것일수록 더 보고 싶어 하고 갖고 싶어 한다. 옛날 석유파동 때 화장지 품귀 현상이 일어났다. 화장지가 귀해질 거라는 소문이 퍼져 주부들이 슈퍼마켓으로 달려가 화장지를 마구 사들였기 때문이다.

전국에서 화장지가 품절된 가게가 속출했다. 소문의 내용은 제조업체와 도매상이 화장지를 숨겨놓고 내놓지 않는다는 것이었다. 그런 소문 때문에 주부들은 미친 듯이 화장지를 사들였다. 그 소문이 화장지에 대한 욕구에 불을 지핀 것이다.

결혼과 출산으로 텔레비전에서 모습을 감춘 연예인이 일부 팬들에게 열광적인 지지를 받는 것도 이런 심리 때문이다. 그 연예인이 무대에 선 모습을 볼 수 없다는 허전함이 팬의 욕구를 더 강렬하게 만든다.

이런 인간 심리를 이용하여 일부러 제품을 숨겨 상품가치를 높이는

상술도 있다. 가수가 일부러 텔레비전에 안 나오거나 프로필을 감추는 것도 그런 작전의 일환이다. 노래만 열심히 들려주어, '저 가수가 누구지?' 하는 호기심을 불러일으킨다.

인간이나 상품은 보통 그 장점을 내세워 파는 게 일반적이다. 그러나 때로는 숨김으로써 욕구를 더 강하게 자극할 수 있다.

시작부터 클라이맥스를
보여줘라

세일즈의 요령은 오로지 하나, 고객의 관심을 어떻게 끌어내는가이다. 아무리 설명해도 관심이 없는 사람은 눈길 한번 던지지 않는다. 그렇다고 판매하려는 상품에 흥미를 보이는 사람만 상대하다가는 굶어죽기 십상이다. 승부는 흥미를 보이지 않는 고객의 주의를 어떻게 끄느냐에 달려 있다. 자, 어떻게 해야 할까.

'안티 클라이맥스'라는 테크닉이 있다.

소설이나 영화에서는 보통 클라이맥스를 마지막에 둔다. 추리소설을 읽는데 처음부터 범인을 알아버리면 아무 재미도 없다. 첫머리에 불가사의한 사건이 일어나고 왜 그런 사건이 일어났는지, 누가 범인인지, 동기는 무엇인지, 수수께끼는 점점 깊어져가다가 마지막에 모두 풀린다.

이런 이야기의 구성 방식은 독자가 처음부터 그 이야기에 흥미를 가

착한 어른 콤플렉스 고치는 법

273

지고 있기에 가능하다. 또한 독자는 추리소설이 그런 거라는 사실을 알고 있다. 그래서 마지막까지 참고 읽는다.

그렇지만 고객이 도무지 흥미를 보일 이유가 없는 미지의 상품이라면 이런 방법은 소용이 없다. 생판 처음 보는 상품에 대한 설명을 들으려고 시간을 투자하는 소비자는 그리 많지 않기 때문이다. 처음 만나는 사람에게 나의 처음은 보잘것없으나 나중에 창대할 것이라고 아무리 떠들어봐야 다음에 만날 약속을 해주지 않는다. 지금 뭔가를 보여주어야 한다.

이럴 때 필요한 테크닉이 안티 클라이맥스이다. 가장 핵심 내용을 이야기의 처음으로 가져오는 것이다. 마치 딱딱한 학술 논문에서 쓰는 방법 같은 것이다.

추리소설 같은 엔터테인먼트라면 독자는 마지막까지 읽어줄 것이다. 그러나 논문은 그렇지 않다. 딱딱한 문장을 끝까지 읽었더니 마지막 결론이 너무 별 볼일 없으면 시간을 낭비했다고 후회하게 된다. 그래서 첫머리에 이 글에서 무엇을 말하고 싶은지를 미리 알려준다. 이 글이 읽을 만한 가치가 있는지를 상대가 먼저 판단하게 하는 것이다.

상대가 귀중한 시간을 내어 대화를 나누고 사랑을 나눌 가치가 있는지 판단할 수 있도록 나를 확실히 어필하자. 내가 어떤 능력을 가졌고, 얼마나 대단한 가능성을 가졌는지 알려주자.

인정받고 싶은 욕구를
이용하는 테크닉

누구든 남에게 인정받고 싶어 하는 욕구를 가지고 있다. 단순한 일상적 대화도 상대가 흥미를 가지고 들어주기를 바란다. 그리고 "응응" 하고 고개를 끄덕여주면 더 이야기를 하고 싶어진다. 그 반대로, 상대가 별 반응을 안 보이면 그냥 입을 다물어버린다.

미국에서 이런 실험을 했다.

피실험자와 대화를 나누는데, 그가 '…s'라는 복수형 단어를 말할 때마다 고개를 끄덕여준다. 한편, 단수형 단어를 쓸 때는 아무 반응도 보이지 않는다.

그러면 대화를 해나가는 사이에 피실험자는 점점 복수형 단어를 많이 사용하게 된다. 무의식적으로 복수형 단어를 사용하면 상대에게 인정받을 수 있다는 것을 알고, 자연히 복수형 단어를 많이 사용하게 되는 것이다.

이런 심리를 이용하면 상대로 하여금 마음을 털어놓게 하는 것도 어렵지 않다. 상대와 대화를 나눌 때 속내를 드러내는 말이 나올 때마다 고개를 끄덕이거나 동의해준다. 그러면 상대는 마음에 있는 말을 그대로 드러낸다.

상대의 진심을 알고 싶다고 해서 억지로 말을 시키는 것은 그리 좋은 방법이 아니다. 스스로 이야기하고 싶어지도록 고개를 끄덕여주어야 한다. 처음에는 입이 무거웠던 사람도 고개를 끄덕이며 이야기를 들어주는 사람에게는 마음을 열고 자신의 진심을 털어놓게 된다.

자, 이제 당신은 그 마음의 핵심에 접근할 수 있다. 부하의 고민을 알고 싶을 때, 직장의 인간관계를 원만히 하고 싶을 때는 맥주라도 한 잔 마시면서 열심히 고개를 끄덕여주자.

이것도 다 경험이야?
자기발전이 늦은 사람의 변명

요즘 신입사원들은 선배가 "오늘 시간 어때? 괜찮으면 같이 한잔하러 가지?" 하며 권유해도 "아뇨, 근무 시간 외에 회사 사람들과 만나는 일은 삼가고 있어요" 하고 거절하는 경우가 많다. "그래서 요즘 젊은 사람들은 틀려먹었다는 거야"라며 선배는 답답하다는 듯 이렇게 말한다.

"얼핏 보기에는 시간 낭비인 것 같아도, 그게 그렇지가 않아. 내가 신입일 때는 매일같이 휘둘리면서 단련을 받았지. 그래서 술도 세진 거고, 사람을 대하는 방법도 배울 수 있었어. 그런 방식을 쫓아오지 못하는 사람은 자연히 탈락하고, 그렇게 사회의 혹독함을 배웠지. 지금의 내가 있을 수 있는 건 그렇게 단련을 받았기 때문이야. 술자리는 인생의 배움터라고. 나는 인생에 있어 쓸모없는 것은 없다고 생각해."

거래처와의 술자리에 목숨을 걸고 매달린 덕에 임원 자리에까지 오른다면, 술자리 교육의 효과를 톡톡히 본 셈이라 할 수 있겠다. 그렇지만 현실은 그렇게 만만하지 않다.

warning!
누구나 한번쯤 들어본 조언의 함정

대부분의 사람들은 굳이 말해주지 않아도 인생이 낭비투성이라는 사실을 인지하고 있다. 그런데 거기다 대고 그 사실을 너무 적나라하게 말해버리면, 상사는 그 사실을 인정하고 싶지 않은 마음에 새삼 충격을 받을 것이다. 그래서 젊은 사람을 앉혀놓고 "인생을 살아가는 데 있어 쓸모없는 것은 없어"라고 말하며 마음을 달래는 것뿐, 그 이상도 그 이하도 아니다.

'바넘 효과'를
이용하자

어른이 되어서도 초등학교나 중학교 때 선생님을 그리워하는 사람이 많다. 특별히 편애를 받았던 기억도 없는데, 왠지 어릴 때 배운 선생님에게 친밀감을 느낀다.

이것은 그 선생님의 인품이나 열의 때문이기도 하지만 심리학에서 말하는 '바넘 효과' 때문이기도 하다.

예를 들어, "너 참 친절하구나", "너는 늘 말괄량이 짓을 하지만 속 깊은 데가 있는 것 같아"라는 칭찬을 들으면 학생은 그 말을 절대로 잊지 않는다. 아이는 나를 잘 알아주시는 좋은 선생님으로 굳게 믿게 되고, 그것이 긴 세월에 걸친 호감으로 이어지는 것이다.

선생님은 교육자인 만큼 실제로 아이의 성격이나 소질을 간파하고 있었는지도 모른다. 그러나 의외로 어림짐작으로 말하는 경우가 많다. 그런 어림짐작의 말에 대해 아이는 내심 무릎을 탁 치며 맞다고 생각한

착한 어른 콤플렉스 고치는 법

다. 그러고는 역시 훌륭한 선생님이라고 마음에 새겨두는 것이다.

우리는 대체로 자신에 대한 막연한 말을 들었을 때일수록 그것을 맞다고 생각하는 경향이 있다.

그래서 그런 말을 한 사람을 통찰력이 뛰어나다고 평가한다. 이런 것이 '바넘 효과'이다. 이 바넘 효과의 특징은 막연한 표현을 한다는 점에 있다. 막연한 표현이기 때문에 커버하는 범위가 넓다. 그중에 조금이라도 마음에 와닿는 부분이 있으면 사람들은 그 말 전부가 맞다고 느끼는 것이다.

예를 들어 "넌 감성이 뛰어나"라고 말을 하는데, 구체적으로 뭐가 어떻게 뛰어나다는 건지 알 수 없다. 그러나 그런 말을 들은 당사자는 멋대로 해석한다. '나에게 시적 감수성이 있다는 걸 간파했어'라고 생각해버린다. 그리고는 거기까지 간파하다니 정말 대단한 사람이라고 평가한다.

반면에, 너무 구체적으로 말하면 금방 거짓이 들통난다. 음치에게 "네게는 음악적 재능이 있어"라고 말하면 실없는 말로 여기고 말 것이다.

이런 바넘 효과를 교묘하게 이용하여 장사를 하는 사람이 점쟁이다. 점쟁이의 말은 처음부터 끝까지 막연하다. "남에게 말 못할 고민이 있군요"라는 말을 잘하는데, 듣고 보니 고민이 있긴 있다. 세상에 고민 없는 사람이 어디 있을까. 그런 말에 휘말려들어 용한 점쟁이라고 고개를 끄덕이고 만다.

보통 사람도 이런 바넘 효과를 이용할 수 있다.

자신을 똑똑하게 보이고 싶으면 그럴듯하면서도 모호한 표현을 구사하면 그만이다. 누군가에게 잘난 척하고 싶을 때는, "오늘 좋은 일이 있었군요"라는 식으로 말하면 된다. '좋은 일'이라는 막연한 말을 듣고 상대는 상황을 제멋대로 끼워 맞춘다. 오늘 회사에서 별것도 아닌 일로 칭찬을 들은 기억을 떠올리기도 하는 것이다.

처음 한마디가
중요하다

무슨 일이든 처음이 중요하다. 첫마디가 자신의 이미지를 결정한다. 그 첫마디에 따라 상대는 나에 대해 호감을 느끼기도 하고 반감을 느끼기도 한다.

처음 한마디는 예비지식이 없는 상태에서 들어오는 정보이다. 그 정보에서 사람들은 많은 것을 읽어낸다. 그리고 그 정보는 일종의 선입견으로 남는다. 예를 들어 첫마디부터 빚에 쪼들리는 한심한 남자라고 말하면, 상대는 더 이상 접근하려 하지 않을 것이다. 농담으로 한 얘기라도 아무 정보도 없는 상태에서 돈이 없다는 메시지가 전달된 셈이니 가난하고 한심한 남자라고 생각하는 게 당연하다.

첫인상이 얼마나 중요한지는 심리 실험으로도 확인이 가능하다. 미국의 애쉬와 켈리는 대학 강의실을 실험실로 삼아 이런 실험을 했다. 그 강의에서 그들은 학생들에게 새로 올 교수를 소개하는 약력을 나누어주었다. 그 프린트의 내용은 이렇다.

'블랭크 씨는 매사추세츠공과대학 사회과학부를 나왔다. 그는 다른 대학에서 3학기 동안 심리학을 가르친 경험이 있지만 이 대학에서 강의하는 것은 처음이다. 그는 26세이고 기혼이다. 그를 아는 사람들은 그가 따스하고 근면하며 판단력이 뛰어날 뿐 아니라 결단력도 있다고 말한다.'

이런 프린트를 학생들에게 나누어주면서, 반 정도에게는 한 곳의 내용만 바꿔놓았다. '따스하고 근면하며'라는 곳을 '냉정하고 근면하며'라고 한 것이다.

이 프린트를 읽은 학생들의 새 교수에 대한 평가를 조사해보니, '따스하고'와 '냉정하고'는 완전히 다른 결과가 나왔다.

'따스하고'라는 문구를 읽은 학생들은 새 교수에 대해 호감을 느꼈고, '냉정하고'라는 문구를 읽은 학생들은 호감을 갖지 않았다. 학생들이 새 교수를 직접 본 것은 아니다. 그의 약력이 바로 그에 대한 첫인상이 된 것이다.

이 실험으로도 인간관계에서 처음이 얼마나 중요한지를 알게 된다. 남에게 호감을 주고 싶다면 아무튼 첫마디에 신경을 써야 한다.

생글생글 미소 지으며 "만나 뵙게 돼서 반갑습니다"라는 정도의 인사말은 술술 나올 수 있도록 해야 한다.

착한 어른 콤플렉스 고치는 법

첫 만남에는
연출이 필요하다

첫 만남의 인상은 나중에까지 커다란 영향을 미친다. 처음 만났을 때 우연히 철야근무를 한 직후여서 꾀죄죄한 모습을 하고 있었다면 칠칠치 못한 사람이라는 인상을 심어주게 된다.

한 번 해병은 영원한 해병이란 말이 있듯이 한 번 칠칠치 못한 사람으로 각인되면, 상대의 마음에서 그 이미지를 벗겨내기란 참으로 어렵다. 만날 때마다 그는 당신을 칠칠치 못한 사람으로 보게 될 것이다. 지금은 단정하게 차려입었다 해도, 그걸 우연이라고 생각하여 어디 흠이라도 없나 애써 찾아내려 한다.

사람은 이렇게 처음 받아들인 정보의 영향을 오래토록 받는 경향이 있다. 이것을 심리학에서는 '초두 효과'라고 한다. 그렇다면 첫인상을 잘 연출하면 자신에 대한 좋은 이미지를 심어둘 수 있을 것이다.

예를 들어 시간관념이 없어서 늘 지각하는 타입이라면, 첫 만남 때만은 무슨 수를 쓰든 반드시 약속시간 30분 전에 도착하도록 하자. 그리하여 시간관념이 철저한 사람이라는 첫인상을 심어주면 그 후 약속시간에 늦어도 상대는 '피치 못할 사정이 있겠지'라고 생각할 것이다.

처음 만나는 사람에게 호감을 주려면 어떤 연출이 필요하다. 그 연출에는 정해진 규칙이 없다. 스스로 생각해서 자신이 가진 부정적인 요소를 제거하려 노력하는 것만이 유일한 방법이다.

상대의 소중한 사람을
파악하라

바쁘게 살다 보면 부모나 어려운 사람에게 신경 쓸 겨를이 없다. 공동체가 파괴되어버린 현대 사회에서는 병들고 돈 없으면 서러울 수밖에 없다. 그렇게 애써 자식을 키웠건만, 정작 자신이 늙고 병들어서는 자식의 도움도 못 받고 홀로 쓸쓸히 지내야 하는 세상이 되고 말았다. 그자식도 힘들기는 마찬가지다. 빠듯한 월급에 자식들 교육비 때문에 마음이 있어도 부모를 돌볼 여유가 없다. 그래서 현대 사회의 많은 사람들은 어딘지 모르게 자신이 떳떳하지 못하다는 자책감을 느끼며 살고 있다.

그게 거의 보편적인 심리가 되어버렸다. 이런 예만 보아도 알 수 있다. 대중들에게서 멀어진 어떤 연예인이 치매에 걸린 부모를 정성껏 간병하는 다큐멘터리가 방영된 적이 있었다. 그 후로 그 연예인은 예전보다 더 대중의 인기를 누리게 되었다. 이유는 간단하다. 시청자들이 그 모습을 보고 대리만족을 느꼈기 때문이다. 자신이 하고 싶어도 못한 일을 꿋꿋이 해낸 그 연예인이 가상했던 것이다.

이런 대중의 심리를 이용하면 쉽게 인기를 얻을 수 있다.

정치인들이 특히 이런 심리를 잘 이용한다. 자신의 개인적인 역사를, 그것도 눈물 없이는 들을 수 없는 개인사를 당당히 공개하여 유권자의 표를 끌어모으는 방법이다. 대중은 정치가의 정책수립 능력보다는 인간적인 스토리를 더 선호한다.

미국의 어떤 라디오 프로그램에서 세 명의 후보자를 다음과 같은 세 가지 패턴으로 소개했다.

① 학력과 함께 인성과 소양을 자세히 소개하여 정치인으로서의 자질이 얼마나 뛰어났는가를 말한다.
② 지금까지의 정치이력과 그 실적을 소개한다.
③ 아이를 사랑하며, 매일 아침 개를 데리고 산책을 한다는 사생활을 중심으로 소개한다.

그런 다음 프로그램 청취자에게 세 명 가운데 한 명에게 투표하게 한 결과 세 번째 후보자의 득표수가 압도적으로 많았다.

요컨대 그 정치인이 어떤 정치적 이념이나 정책을 가지고 있느냐 하는 것보다 가족이나 취미를 공개하는 쪽이 유권자의 공감을 얻기 쉽다는 것이다.

착한 어른 콤플렉스 고치는 법

자신에 관한 이야기로 상대의 호감을 끌어내는 것도 좋지만, 그 반대로 상대의 가족이나 그가 소중하게 여기는 사람을 화제로 삼아 호감을 끌어낼 수도 있다.

예를 들어, 친해지고 싶은 상대에게 물건을 보낼 때 "이거 아버님께 드리세요"라고 한다. 그러면 상대는 자신이 선물을 받았을 때보다 더 좋아한다. 가족까지 신경 써주는 사람에게 심적으로 더 가깝게 느끼는 것은 당연하다.

좋아하는 사람이 고향에 다녀왔다고 하자. 그럼 이렇게 말해보자.

"부모님은 건강하세요?"

그는 조그만 감동에 휩싸일 것이다.

약간의 실수가
필요할 때도 있다

열심히 노력하는데도 주위 사람들이 좋아하지 않는 사람이 있다. 일도 잘하고 상사나 선배의 얘기도 잘 들으며 후배도 잘 챙긴다. 그런데도 별로 호감을 주지 못하는 이유는 무엇일까?

다음의 실험을 보면 그 이유를 잘 알 수 있다.

남녀 학생에게 축구선수 네 명의 영상을 보여주고 누가 가장 매력적이고 친구로 삼고 싶은지를 묻는다. 네 명의 선수 가운데 두 명은 실력파이고, 다른 두 명은 평범하다. 네 명의 실력은 영상을 보면 알 수 있도록 편집되어 있다.

경기 장면이 끝난 뒤, 네 명의 선수가 각자 자신에 관해서 얘기하는 장면이 나온다. 이때 약간의 조작을 가하여 실력파 선수와 평범한 선수가 한 명씩 커피를 엎지르게 한다.

여기까지 영상을 보여준 다음, 피실험자에게 어떤 선수에게 더욱 호

착한 어른 콤플렉스 고치는 법

289

감을 느꼈는지를 물었다. 그러자 네 명 가운데 가장 호감을 얻은 사람은 커피를 엎지른 우수한 선수였다. 반대로 가장 호감을 얻지 못한 사람은 커피를 엎지른 평범한 선수였다.

우수한 사람일수록 작은 실수를 하면 그 사람에게 친밀감이나 호감을 느끼게 된다는 것을 알 수 있다. 그러나 우수하기만 한 인간은 재미도 없고 인간미가 떨어진다고 해서 인기를 얻을 수 없다. 따라서 우수한데도 그다지 사람들에게 인기를 못 얻는 사람은 일부러 실수를 하도록 하자.

가끔 무엇을 깜빡 잊고 와서 동료에게 빌려본다. 바늘 하나 들어갈 틈도 없는 사람에게는 접근하기 힘들다. 남이 다가오기 쉽도록 항상 자신의 공간에 빈틈을 마련해두어야겠다.

의도적으로
의지하라

일에 쫓기는 동료의 부탁을 받고 야근 업무를 도와주었다. 지갑을 잃어버린 친구에게 월급날까지 돈을 빌려주었다. 이처럼 아는 사람이 곤란에 처했을 때 그 부탁을 들어주면 고마워할 것이다. 상대의 호의를 얻고 싶을 때 그 부탁을 들어주는 것은 당연하다. 그와는 반대로, 부탁을 해오는 상대에게 호감을 느끼는 경우가 적지 않다.

심리학자 젝커와 랜디는 한 대학에서 피실험자를 모아 그들이 은혜를 베푼 사람에 대해 어떤 감정을 가지는가를 조사했다.

학습에 관한 실험을 한다는 명목으로 피실험자들을 모은다. 문제에 대해 올바른 대답을 하면 돈을 준다고 한다. 정답 횟수는 실험자가 컨트롤하여 피실험자는 60센트 아니면 3달러를 받게 되어 있다. 그들은 세 가지 패턴을 마련했다.

착한 어른 콤플렉스 고치는 법

① 실험자가 "지금 준 돈을 돌려달라"고 부탁한다. 이 실험은 자비로 실시하고 있으므로 진짜로 돈을 주면 연구비가 줄기 때문에 가능하면 돌려줬으면 한다고 부탁한다.

② 실험자가 아닌 대학 사무원이 돈을 돌려달라고 부탁한다. 대학의 연구자금이 부족하니 가능하면 돌려달라고 한다.

③ 아무 부탁도 하지 않고 돈을 준 상태로 내버려둔다.

그런 다음 피실험자에게 실험자에 대한 호감도를 묻는다. 결과는 실험자에게 돈을 돌려줬으면 한다는 말을 들은 피험자들이 실험자에게 가장 큰 호의를 느꼈다. 또한 60센트를 받은 사람보다도 3달러를 받은 사람 쪽이 더 강한 호의를 느꼈다.

남에게 친절을 베풀면 기분이 좋아진다. 그런 경험은 누구든 해보았을 것이다. 누군가 자신의 난처한 처지에 대해 의논을 해오거나 의지해오면 자신이 '아, 신뢰받고 있구나' 하는 우월감을 느끼게 마련이다. 그 만족감이 상대에 대한 호의로 이어지는 것이다.

그러므로 누군가와 친해지고 싶을 때는 가벼운 부탁을 해보는 게 좋다. 곤란에 빠졌을 때는 서슴지 말고 친구에게 도움을 청하자. 그러면 친구는 당신을 더 좋아하게 될 것이다.

'바디 존'을
파악하라

서점에서 책을 찾을 때, 카운터 안쪽의 점원과 플로어에 있는 점원 가운데 어느 쪽에 말을 걸까? 둘 다 한가해 보이면 당연히 플로어 쪽의 점원에게 말을 걸 것이다. 카운터 안쪽에 있는 점원보다 플로어에 있는 점원 쪽이 가까이 다가가 말을 걸기 쉽기 때문이다.

사람은 멀리 있는 사람보다 가까이 있는 사람에게 친밀감을 느끼기 쉽다. 책을 찾을 때도 가까이 있는 플로어 쪽이 말을 걸기가 쉽다.

이런 거리의 관계는 부탁을 받는 쪽의 심리에도 영향을 미친다. 1미터 정도 떨어져서 부탁한 경우와 40센티미터의 거리에서 부탁한 경우 답변이 어떻게 달라지는가를 조사하는 실험을 했다.

① 1미터 정도의 거리에서 열심히 부탁한다.
② 1미터 정도의 거리에서 담담하게 부탁한다.

착한 어른 콤플렉스 고치는 법

③ 40센티미터 정도의 거리에서 열심히 부탁한다.

④ 40센티미터 정도의 거리에서 담담하게 부탁한다.

이 네 가지 방법으로 모르는 사람에게 부탁한 결과, 40센티미터 정도의 거리에서 열심히 부탁했을 때가 가장 성과가 좋았다. 반대로, 열심히 부탁해도 거리가 먼 경우에는 그다지 성과를 얻지 못했다.

이것은 인간의 '바디 존'과 관계가 있다. 사람은 각자 바디 존을 가지고 있는데, 보통 1미터 20센티미터 이내다. 별로 친하지 않은 상대와 얘기할 때는 이 존 안으로는 들어가지 않는 것이 보통이다. 반대로, 친한 관계에서는 바디 존 안으로 들어가 얘기하는 경우가 많다.

친하지 않은 사람이 바디 존을 넘어 가까이 다가오면 경계심을 품는다. 단, 상대가 우호적인 태도로 접근해오면 경계심 대신에 친근감을 느끼기도 한다. 그래서 낯선 사람이라도 가까운 거리에서 열심히 말하면 오케이 사인을 받기 쉽다.

역 앞에서 전단지를 돌릴 때도 바로 앞까지 다가가 웃는 얼굴로 "부탁드립니다"라고 말하면 전단지를 받아줄 확률이 높다.

부탁할 때에는 적당한 거리를 확보하기 위해 한 걸음 더 가까이 다가가라. 그만큼 성공할 가능성이 높아진다.

조명을
이용하라

회사에서 1박 2일로 연수를 가는 경우가 있다. 가기 전에는 귀찮다는 생각이 들다가도 막상 가보면 꽤 즐겁다. 멤버들과의 친근감도 깊어졌다. 다 같이 식사준비도 하고 놀기도 하면서 친목을 도모한 탓도 있지만, 어두운 밤을 함께 공유한 경험의 영향이 더 클지도 모른다. 어둠 속에서 일정한 시간을 함께 보낸 사람들끼리는 서로에게 친근감을 느끼기 쉬운 경향이 있다.

미국의 저진은 이런 실험을 했다.

가로 3미터, 세로 3.6미터의 좁은 방에 남자 셋, 여자 셋의 그룹과 남자 넷, 여자 넷의 그룹이 들어가도록 한 다음 한 시간 동안 밖으로 나오지 못하게 했다. 이때 밝은 방과 어두운 방으로 나누어 거기에 갇힌 남녀의 행동에 어떠한 차이가 있는지를 관찰했다.

결과는 어두운 방에 갇힌 남녀 쪽이 훨씬 친밀감 높은 행동을 했다.

착한 어른 콤플렉스 고치는 법

밝은 방에 갇힌 남녀는 서로 떨어진 장소에 앉아 대화도 별로 진전이 없었다.

그러나 어두운 방에 갇힌 쪽은 처음에는 떨어져 앉아 동성끼리만 얘기를 나누다가 시간이 지남에 따라 상황이 변하기 시작했다. 대화는 줄고 이성끼리 서로 가까운 장소에 앉게 된 것이다. 곧 이성끼리 몸을 접촉하고 상대에게 안기는 사람마저 생겼다.

어둠 속에서는 상대가 어떤 표정을 하고 있는지 모른다. 그것이 심리적 경계심을 약화시켜 상대에 대한 친밀감을 높인 것으로 생각된다.

상대의 경계심을 풀게 하여 더 친해지고 싶을 때는 표정을 알기 어려운 어두운 장소에 함께 가는 것이 효과적이다. 술을 마실 때도 밝은 곳보다는 조명이 어두운 바나 클럽으로 가야 한다. 밝은 곳에서 얘기하는 것보다 훨씬 심리적인 거리가 가까워지기 때문이다.

수치심을 버린 인간은 뭐든지 할 수 있다?
인간의 본성을 무시하는 발언

수치심이 과연 떨쳐버릴 수 있는 성질의 것일까? '창피를 무릅쓰고' 라는 표현이 있듯 인간이라면 누구나 수치심에 대한 의식을 버리는 데 저항감을 느낀다.

이 세상에 누군가에게 창피를 주고 싶어 하거나 스스로 창피를 당하고 싶어 하는 사람은 아무도 없다.

결국 수치심을 버릴 수 있는 사람이란 그에 대한 감각이 극단적으로 무딘 사람, 혹은 막대한 빚 때문에 다른 선택의 여지가 없는 사람 등, 궁지에 몰릴 대로 몰려 더 이상 물러설 곳이 없는 경우에만 해당된다. 그러나 그런 상황에서조차 수치심을 버릴 수 없어 괴로워하는 것이 일반적인 인간의 마음이다.

성대모사에
도전해보자

회사 동료들끼리 술을 마시다 보면 반드시 상사 흉내를 내어 웃기는 사람이 있다. 그러면 분위기는 한층 부드러워지고 좋아진다.

본인 앞에서는 그런 흉내를 내지 않는 게 보통이지만, 때로 본인 앞에서 그렇게 해도 좋을 때가 있다. 물론 상대를 바보 취급하는 저질스런 흉내는 화를 내게 만들겠지만, 악의가 없는 흉내라면 오히려 호감을 사는 경우가 많다.

이런 실험이 있다.

처음 만나는 두 사람에게 잠시 얘기를 나누도록 한다. 이 가운데 한 사람은 바람잡이로 바람잡이는 두 가지 패턴의 행동을 한다.

① 상대의 동작을 흉내 내면서 이야기한다.
② 그냥 담담하게 이야기한다.

그런 다음 피실험자에게 대화에 관한 감상을 물으면, 자신의 행동을 흉내 냈을 때 더 호감을 가졌다. 그는 자신이 상대를 좋아하는 것보다 상대가 자신을 더 많이 좋아한다고 생각했다.

이 실험으로 남의 흉내를 내는 것은 그 사람에게 좋은 이미지를 심어줄 수 있는 방법이란 것을 알게 되었다. 원래 사람이란 자신과 닮은 사람에게 호의를 갖기 쉽다. 자신과 비슷한 행동을 하는 사람에게 더 친근감을 느끼는 것이다.

또 상대가 자신과 똑같은 행동을 하고 있는 것을 알면, 자신이 상대에게 어떤 영향을 끼치고 있다고 믿는다. 상대가 자신을 주목하고 있고 따른다는 것을 알고 상대를 더 좋아하게 되는 것이다.

마음에 드는 상사가 있으면 일부러 그 사람 흉내를 내보자. 손버릇, 목소리, 눈짓, 제스처, 서류 정리방법 등을 흉내 내본다. 그러면 그 상사는 반드시 당신을 좋아하게 될 것이다.

공통점을
찾아라

사람은 자신과 어떤 공통점을 가진 상대에게 호의를 느끼기 쉽다. 인간은 고립을 두려워한다. 그래서 비슷한 사람끼리 모여 패거리 또는 공동체를 만든다. 같이 할 사람을 발견하지 못하면 그는 늘 외로움에 떨어야 한다. 외로움, 고립, 따돌림… 그것은 인간이 가장 싫어하는 말이다.

이러한 인간의 보편적이고 근본적인 심리를 이용하면 상대에게 호감을 줄 수 있다. 자신과 상대방의 공통점을 강조하면 된다. 사소한 것이라도 상관없다. 그 사소한 것이 자신에게 얼마나 중요한 것인가를 표현하면 상대는 호의를 가지고 다가올 것이다.

가장 간단한 방법은 출신지나 출신학교를 이용하는 것이다. 같은 지역 출신이나 같은 학교를 나왔다는 것만으로도 첫 만남에서부터 마음을 터놓을 수 있다. 이런 공통점에서 동료의식이 생겨난다.

공통점을 발견할 수 없을 때는 상대방과 같은 행동을 하면 된다.

예를 들어, 몇 명이서 함께 식사를 할 때면 마음에 드는 상대와 같은 음식을 주문한다. 상대는 자신과 똑같은 메뉴를 주문하는 것을 보고 속으로 '아!' 하고 외친다. "당신도 ○○를 좋아해요?"라고 말을 걸어 올지도 모른다. 그렇다면 이제 그 사람과의 새로운 인간관계가 시작된 것이다.

자신과 닮은 사람에게
호감을 느끼는 심리

부부는 닮는다는 말이 있는데 경험적으로 보아도 그 말은 맞다. 오래 같이 살다 보면 취미나 사고방식이 비슷해진다. 함께 골프를 치고 매일 밤 같이 술을 마시는 부부도 많다. 물론 사이좋은 부부일 때만 가능한 일이지만.

남녀 사이뿐만 아니라 이웃 사람이라도 직업이 같다든가 취미가 같으면 친밀해진다. 누구든 자신과 닮은 사람에게 호감이나 친근감을 느껴본 적이 있을 것이다.

미국의 심리학자 페스팅거는 대학의 기숙사에서 생활하는 학생들을 대상으로 다음과 같은 조사를 실시했다.

새로 기숙사에 들어오는 남학생 17명을 대상으로 각자의 정치관이나 종교, 생활태도 등에 관해 질문한다. 그런 다음 학생들이 기숙사 생활을 하면서 교우관계가 어떻게 만들어져가는지를 조사해보았다.

이 조사는 반년에 걸쳐 실시됐는데 두 가지 경향이 나타났다. 처음에는 자신의 옆방 사람과 사이좋게 지내는 경향이 강했다. 그러나 시간이 흐름에 따라 가치관이나 생활패턴이 닮은 사람끼리 친해지게 됐다. 상대가 어떤 사람인지 모를 때는 접촉할 기회가 많은 사람과 친해지기 쉽다. 그러나 시간이 흐르면서 자신과 많이 닮은 사람과 더 친해지는 것이다. 그렇다면 상대에게 호감을 주고 싶을 때는 상대와 자신이 닮은 점을 찾아 그것을 강조하면 될 것이다.

나이가 같으면 동년배로서 가능한 대화를 나누어 심리적 거리를 좁힌다. 고향이 가까우면 사투리나 명절 때의 교통편에 대해 이야기를 나누면 될 것이다. 무엇이든 좋으니 어쨌든 닮은 점을 찾는 것이 상대에게 호감을 얻기 위한 중요한 포인트가 된다.

일상에서도 이런 보편적 심리를 활용할 수 있다. 동료가 어떤 실수를 하면, 자신의 과거 실패담을 이야기하면 된다. "사실은 나도 전에 비슷한 실수를 한 적이 있는데…"라고 말한다. 그러면 상대는 당신에게 쉽게 마음의 문을 열 것이다.

부하가 무슨 고민에 빠져 있는 듯이 보일 때, 뭐든 말해보라고 무작정 요구하는 건 효과가 없다. "나도 지금 이런저런 고민이 있어"라고 먼저 속내를 털어놓는다. 그러면 부하는 마음을 놓고 자신의 고민거리를 털어놓을 것이다.

착한 어른 콤플렉스 고치는 법

'앉은 방향'이 우리에게 말해주는 것들

'말투'가 우리에게 말해주는 것들

'어깨'가 우리에게 말해주는 것들

'눈'이 우리에게 말해주는 것들

'입'이 우리에게 말해주는 것들

'머리'가 우리에게 말해주는 것들

'손'이 우리에게 말해주는 것들

'잠버릇'이 우리에게 말해주는 것

'허리'가 우리에게 말해주는 것들

'팔'이 우리에게 말해주는 것들

'다리'가 우리에게 말해주는 것들

'자동차'가 우리에게 말해주는 것들

BONUS TIP

야매
심리학

'앉은 방향'이
우리에게 말해주는 것들

회의에서 자신의 의견을 관철시키기 위해서는 사전준비가 중요하다. 서류도 잘 준비해야 하겠지만, 출석자들에 관한 뒷조사도 잘 해둘 필요가 있다. 덧붙여 주목해야 할 것은 출석자들이 어느 자리에 앉는가 이다. 앉는 자리에 따라 출석자가 그 회의에 어떤 기분과 태도로 임하고 있는지를 알 수 있기 때문이다.

예를 들어 과거에 의견 대립이 있었던 상대가 정면에 앉았을 때는 이번에도 논쟁을 벌이려 한다고 보면 된다. 또한 첫 대면인 사람이라도 정면에 앉은 사람은 반론을 제기할 가능성이 높다.

일반적으로 마주보고 앉은 사람끼리는 대립하기 쉬운 법이다. 이런 심리를 미국의 심리학자 스틴저가 밝혔다고 해서 '스틴저 효과'라고 한다.

스틴저는 그 밖에도 의장의 리더십과 출석자의 관계 등에 관해 다음과 같이 보고하고 있다.

회의석상에서 출석자가 정면에 앉은 사람과 자주 얘기를 나누면 의장의 리더십이 좋다. 반면, 출석자가 옆 사람과 얘기를 나누면 의장의 역량은 그리 높지 못하다. 자신이 의장일 때 옆 사람끼리 소곤소곤

얘기가 시작되면, 자신이 리더로서 높이 평가받지 못한다고 생각하면
된다.

또, 둥근 테이블에 앉으면 회의 분위기가 좋아진다. 회의실에 둥근
테이블이 마련되어 있으면 가족적인 분위기에서 활발한 의견 교환이 일
어날 것이다.

'말투'가
우리에게 말해주는 것들

말은 사람에게 의사나 정보를 전달하는 수단이다. 그러나 그 말이 늘 사실만을 전달하지는 않는다.

어린아이가 자신이 좋아하는 아이에게 "좋아해"라고 말하지 못하고 "바보"라고 욕을 하는 것도 한 예가 된다. 때로는 내용보다는 빠르기나 억양으로 감정이나 심리 상태를 여실히 드러내는 경우도 있다.

예를 들어 말끝을 항상 "~입니다", "분명합니다"라고 단정적으로 말하는 사람은 언뜻 자신의 견해에 자신감을 가지고 있는 것처럼 보인다. 그러나 실제로는 그와 반대인 경우가 많다. 자신의 생각에 불안을 느끼고 자신이 없기 때문에 오히려 단정적인 말투를 써서 상대를 설득하려 한다.

말을 해놓고 방금 한 말을 다시 반복해서 얘기하는 사람 가운데는 완벽주의자가 많다. "내일 모임은 3시입니다. 오후 3시"와 같이 반복해서 확인하지 않으면 자신의 말이 정확히 전달되지 않을지도 모른다는 불안을 느끼고 있다.

스스럼없이 얘기하던 사람이 말수가 적어지면 갑자기 경계심을 느꼈기 때문이라고 봐야 한다. 이쪽의 말에서 뭔가 경계해야 할 만한 것을 느꼈거나 자신의 속내를 감추고 싶어진 것이다.

그와는 반대로, 갑자기 말이 빨라지는 것은 긴장하고 있다는 증거다. 긴장이 초조로 변하고, 그것이 말의 빠르기로 나타난다.

평소 수다스럽게 얘기한다면 자기과시욕이 강한 사람이다. 즐겁게 얘기하고 싶은 마음 이상으로 상대의 주목을 끌고 싶은 것이다.

아무나 잡고 이야기하는 사람은 방어본능이 강한 타입이다. 이런 사람은 성격이 사교적이어서가 아니라 상대에게 공격당하는 것이 두려워 먼저 나불나불 떠들어서 공격할 기회를 주지 않으려 한다.

평소에 익살을 잘 부리고 시시껄렁한 농담을 잘하는 사람은 충족되지 못한 욕구를 끌어안고 있으며, 거기에 대해 불안과 두려움을 느끼고 있는 경우가 많다.

말을 꺼내면서 "저…"를 붙이는 것은 상대의 저항을 없애 자신에게 동조시키려는 무의식의 표현이다. 말의 첫머리에는 그 사람의 욕구나 불만, 본심이 드러나는 경우가 많다. 거기에 주의하면 상대의 심리 상태를 파악하기 쉽다.

말은 그것을 사용하는 사람의 세계 그 자체다. 말이 많은 사람은 말을 많이 할 수밖에 없는 세계를 살아가고 있다.

'어깨'가
우리에게 말해주는 것들

어깨는 머리 스타일이나 얼굴에 비하면 그리 눈에 띄지 않는다. 늘 옷에 가려져 있는 팔과 몸의 연결부에 지나지 않는다.

그런데 '어깨에 힘을 주다', '어깨를 높이 세우다', '어깨를 웅크리다'와 같은 어깨와 관련된 관용 표현이 많다. 어깨는 그만큼 표정이 풍부하여, 그 움직임 하나로도 인간의 여러 가지 심리상태를 알 수 있다.

어깨는 역사적으로 남성의 권위와 존엄을 나타내는 신체적 상징으로 널리 인식되어왔다는 사실을 먼저 알아두자. 서양에서는 관직이나 계급을 나타내는 견장을 제복이나 예복의 어깨에 단다. 근대에 그런 관습을 받아들여 동양에서도 어깨에 권위를 나타내는 징표를 다는 관습이 생겼다.

어깨를 높이 세우고 상대를 위압하는 태도로 거리를 걷거나 어깨에 윗옷을 걸치고 걷는 남자를 흔히 볼 수 있는데, 이것은 어깨를 강조함으로써 남지다움을 어필하는 것이다.

요즘 지하철을 비롯한 대중교통 안에서 '어깨가 부딪혔다'는 이유로 폭력을 휘두르는 사건이 빈발하고 있다. 살인사건으로 발전하는 경우까지 있는데, 이것도 어깨가 자신의 존엄성과 관련된 신체 부위라는 무의식적 인식에서 비롯한다. 그것을 침범당하고는 도저히 참을 수 없는 것이다.

그래서 어깨를 쭉 펴고 있는 사람은 체면을 중시하며 책임감이 강한 사람으로 생각해도 좋다. 반대로 어깨를 앞으로 구부정하게 떨어뜨리고 있는 사람은 책임감의 무게를 견디지 못하는 상태에 놓여 있다고 볼 수 있다.

상대에게 열등감을 느끼거나 소극적인 기분일 때는 어깨를 비스듬히 하고 상대를 마주하는 경향이 있다. '비스듬히 겨누다'라는 말이 있는데, 어깨를 비스듬히 하는 자세에는 상대의 얘기를 건성으로 슬쩍 비켜 받아넘기고 싶은 마음이 숨겨져 있다.

남자가 남자의 어깨에 손을 올려놓는 것은 상대를 친구로 생각하고 있다는 표시다. 잘 지냈냐고 하면서 친구의 어깨에 손을 얹는 것은 악수를 하는 것 이상으로 깊은 친근감을 나타낸다.

'눈'이
우리에게 말해주는 것들

눈은 신체 부위 가운데 가장 움직임이 활발하며 심리 상태가 나타나기 쉬운 부분이다.

'신경 언어학적 프로그래밍'이라는 심리치료법에서는 눈의 움직임으로 환자가 무슨 생각을 하고 있는지 파악한다. 그 테크닉을 응용하면 눈의 움직임에서 그 사람이 어떤 성격이며 지금 무슨 생각을 하고 있는지 어느 정도는 알 수 있다.

눈이 위쪽으로 움직이면, 그는 과거에 본 적이 있는 풍경이나 사람의 얼굴 등을 떠올리고 있을 가능성이 높다. 또, 지금까지 본 적이 없는 것을 상상하고 있을지도 모른다.

집안 얘기를 하고 있을 때 상대의 눈이 위쪽으로 움직인다면, 과거에 본 적이 있는 집의 풍경이나 이상형의 집을 그리고 있을 가능성이 높다.

힌편 아래쪽을 향해 움직였을 때는, 자신이 걸을 때의 신체적 이미지 또는 청각에 관한 이미지를 상기하고 있는 경우가 많다. 이러한 것들은 많은 임상 예를 통해 밝혀진 사실이다.

수학문제 등 추상적인 문제를 생각할 때 눈을 감는 사람이 있는데,

이는 추상적인 사고가 서툴다는 것을 나타낸다. 이런 사람을 설득할 때는 논리보다 실물을 보이는 쪽이 이야기가 훨씬 빠르다.

눈빛도 심리 상태를 나타낸다. '흥미로운 것을 보면 눈동자에 빛이 난다'는 것은 비유가 아닌 진실이다. 흥미로운 것을 봤을 때 인간의 눈동자는 분명히 커진다. 그만큼 눈이 빛나 보이는 것은 당연하다. 좋아하는 사람이나 물건을 볼 때 눈은 반짝반짝 빛난다. 그 눈을 잘 살펴보면 상대가 자신의 말에 흥미를 느끼는지, 지루해하는지를 간파할 수 있다.

'입'이
우리에게 말해주는 것들

얼굴 가운데서 눈과 함께 가장 많이 움직이는 부분은 입이다. 입은 벌렸다 다물었다, 움직임이 단순해서 참으로 알기 쉽다. 그 입의 움직임을 보고 사람의 성격이나 심리를 파악할 수 있다.

사람은 진지해지면 입을 일자로 다문다. 그것은 입의 근육을 긴장시켜 대뇌피질을 자극하려는 움직임이다. 입을 꽉 다물고 있으면 어떤 결의를 품고 있다고 보면 된다.

대화 중에 상대가 입을 부드럽게 다물고 있으면 자신의 말에 귀를 기울이고 있는 것이다. 입을 일자로 다물었을 때보다는 정신적으로 편안한 상태이며, 상대의 말을 받아들일 마음의 여유가 있다. 그럴 때 하고 싶은 말을 하면 된다.

입을 비죽 내미는 것은 공격성을 나타낸다. 대화 중에 손으로 입을 가리듯이 얘기하는 것은 본심을 알리지 않겠다는 마음의 표현으로, 상대에게 경계심을 품고 있는 경우가 많다.

'머리'가
우리에게 말해주는 것들

우리는 손가락으로 미간을 누르며 생각에 잠기고, 자신의 머리에 꿀 밤을 먹이며 잊었던 기억을 떠올리려 한다. 인간은 늘 손으로 머리를 만 지며 살아간다.

인간의 수천 가지 행동 예를 모아 분석·연구한 영국의 데즈먼드 모 리스에 따르면, 인간의 바디터치 중에서 가장 많은 부분을 머리가 차지 하며 그 비율은 반 이상이 된다고 한다.

모리스는 머리를 어떻게 만지는가에 따라 그 사람의 성격이나 심리 를 어느 정도 간파할 수 있다고 한다.

머리를 긁는 동작을 보자. 이것은 실수를 했을 때 보이는 동작인데, 곤혹스러움이나 자기혐오 같은 심리가 숨겨져 있다. 머리를 쓰다듬는 것은 깊은 생각에 빠져 있거나 걱정거리가 있을 때가 많다. 특히 정신적 으로 긴장되어 있으면 손이 머리카락으로 잘 간다.

대화 중에는 보통 상대의 얼굴을 보며 얘기하므로 머리를 똑바로 세 운다. 그런 때 머리가 수그러지면 대화를 그만하고 싶다는 신호로 볼 수 있다.

인사할 때 머리를 숙이는 모습으로도 그 사람의 성격을 파악할 수 있다. 보통은 머리를 똑바로 숙여 인사하는데, 가끔 고개를 갸우뚱하듯이 인사하는 사람이 있다.

그런 동작은 아이들에게서 흔히 나타나는데, 아직 사회성이 부족하여 제대로 된 인사를 할 수 없기 때문이다. 어른이 돼서도 그런 동작을 보인다면 정신적으로 유치하다는 것을 의미한다.

책상 위에 팔꿈치를 대고 팔을 버팀목으로 머리를 떠받치는 포즈가 있다. 일을 할 때나 휴식을 취할 때나 여러 장면에서 이런 포즈를 발견할 수 있다. 생각하는 자세로도 보인다. 이 포즈에는 좀 다른 의미가 있다고 한다. 포옹받고 싶은 포즈인데, 누군가 품에 안아주기를 바라는 욕구를 충족시키려고 머리나 얼굴에 손을 댄다는 것이다.

'손'이
우리에게 말해주는 것들

인간의 신체 부위 가운데 가장 자유롭게 움직이는 것은 손이다. 마음에 담은 뭔가를 전하려 할 때 자연스럽게 손동작이 커지는 경험을 해보았을 것이다. 그때그때의 감정에 따라 손은 가지각색의 표정을 보인다. 그러므로 손의 움직임을 잘 관찰하면 그 사람의 마음을 읽어낼 수 있다.

거짓말을 할 때는 손의 움직임이 평소보다 적어진다. 부자연스러운 손놀림 때문에 행여 거짓말이 들통나는 건 아닐까 두려워한다. 그래서 손을 주머니에 넣거나 한 손으로 다른 한 손을 잡거나 한다.

또, 손으로 얼굴을 만지는 동작도 주요 관찰 포인트다. 뭔가 실수를 했을 때 흔히 "이크" 하고 입에 손을 댄다. 거짓말을 할 때도 비슷한 행동을 하는 사람이 있다. 노골적으로 입을 가리면 거짓말이 들통나기 때문에 입이 아닌 다른 부분을 만지는 경우도 있다.

입 말고 코를 만지는 사람이 많은데, 이는 코를 만져 입을 숨기려는 심리가 작용한 것이다. 데즈먼드 모리스에 따르면, 사람은 거짓말을 할 때 반드시 긴장하는데 그 긴장으로 코가 가려워져 코를 만지게 된다는 것이다.

거짓말 외에도 사람은 손놀림으로 여러 가지 심리 상태를 드러낸다. 모리스는 손바닥을 위로 향하고 손가락을 약간 구부리는 듯한 움직임은 타인의 마음을 알고 싶지만 생각대로 되지 않는 기분을 나타낸다고 말한다.

주먹을 강하게 쥐는 남성은 우유부단한 사람일 수 있다. 우유부단함을 숨기고 결단력이 있는 것처럼 보이기 위해 일부러 주먹을 쥐는 것이다. 또, 무언가를 설명할 때 손가락을 세우고 얘기하는 타입은 지성에 자신감이 있는 사람이라고 한다.

'잠버릇'이
우리에게 말해주는 것

출장을 가서 동료나 상사와 같은 방에서 자면 꽤 신경이 쓰인다. 특히 코를 골거나 이를 가는 사람을 만나면 최악이다. 그러나 잠자는 자세로 상대의 성격이나 심리를 꿰뚫을 수 있는 방법을 안다면, 하룻밤 동안 재미있는 관찰을 할 수 있을 것이다.

정신분석의 사무엘 딘켈은 많은 임상 예를 근거로 자는 모습에서 환자의 성격이나 심리 상태를 알 수 있다고 말한다. 몇 가지를 소개하기로 한다.

태아처럼 몸을 둥글게 말고 옆으로 누워 자는 사람은 자신의 세계에 틀어박혀 속을 다 드러내기 싫어하는 타입이다. 이런 사람은 어른이 된 뒤에도 남에게 의존하는 경향이 강하다.

무릎을 약간 구부리고 옆을 향해 자는 것은 균형 잡힌 안정된 인품을 가진 타입이다. 웬만한 문제에는 스트레스를 받지 않고, 문제를 잘 해결하는 사람이다.

옆을 보고 누워 무릎을 벌린 채 복사뼈를 겹치고 자는 사람은 인간관계 등에 고민을 안고 있을 가능성이 많다. 잠자는 동안 복사뼈의 교차는 어떤 불안이 있음을 나타내고, 인간관계나 직장 내의 문제 등으로 고

야매 심리학

319

민하고 있을 가능성이 많다.

엎드려 자는 사람은 모든 일들을 스스로 처리하고 싶어 한다. 성격이 꼼꼼하고 쓸데없는 문제가 생기지 않도록 사전준비에도 소홀함이 없다. 잔소리가 심하긴 하겠지만, 책임감이 강하다.

똑바로 누워 큰 대자로 자는 사람은 자신감이 있고 안정된 인격의 소유자다. 부모의 사랑을 충분히 받으며 자란 사람일 가능성이 높다.

'허리'가
우리에게 말해주는 것들

'허리를 낮추다', '허리를 뒤로 빼다'와 같은 표현이 있다. 허리의 상태로 그 사람의 성격이나 심리를 나타내는 말인데, 그만큼 허리와 인간 심리 사이에는 깊은 관계가 있다. 실제로 허리의 움직임에 주목하면 상대의 기분을 거의 간파할 수 있다.

인사할 때 허리의 각도를 살펴보자.

신입사원을 위한 매너 매뉴얼을 보면, '깊은 경의를 표할 때는 90도, 가벼운 경의를 표할 때는 45도, 평소의 인사는 30도'라는 말이 있다. 허리를 깊이 구부릴수록 상대에 대한 경의도 깊어지는 것이다.

상대를 존경하면 자연히 허리가 깊이 굽어져 정중한 인사가 되기 마련이다. 반대로 허리를 거의 구부리지 않으면, 아무리 정중한 말을 해도 진심이 아니라고 보면 된다.

동물도 두렵거나 자신이 복종하는 상대 앞에서는 허리를 낮춘다. 이건 집에서 개를 키워본 사람이면 알 수 있다. 개는 아예 주인 앞에서 벌렁 드러누워 배까지 드러내 보인다. 이처럼 상대가 자신보다 한 수 위라고 생각되면 허리를 잔뜩 구부리는 것은 동물적인 본능이다. 같은 이유에서, 허리를 낮추고 걷는 사람은 자신을 지키려는 방어의식이 강한 사람이라고 할 수 있다.

또, 사람을 기다릴 때 허리에 손을 대고 서 있는 사람이 있는데 이는 몸도, 마음도 모든 준비를 갖추고 있다는 뜻이다. 상대가 언제 와도 좋다는 심리인데, 심신이 모두 충실한 상태로 보면 된다.

그러나 주머니에 손을 넣고 있는 경우는 의미가 다르다. 바지 주머니에 손을 넣으면 얇은 헝겊 한 장 너머로 자신의 몸을 만질 수 있다. 이것은 긴장을 풀고자 하는 심리를 나타낸다.

앉을 때 허리의 움직임으로도 상대의 심리 상태를 간파할 수 있다. 예를 들어, 첫 대면인데도 털썩 몸을 집어던지듯이 자리에 앉는 사람이 있다. 그런 사람은 결코 성격이 뻔뻔스럽거나 마음이 느긋해서가 아니다. 오히려 마음속의 불안을 감추고 싶은 것이다. 불안을 감추기 위해 일부러 건방지고 느긋한 태도를 보이는 것이다.

등을 쭉 편 자세로 깊숙이 앉는 사람은 상대보다 우위에 서고 싶어한다. 반대로 의자에 엉덩이만 살짝 걸치고 앉는 사람은 언제라도 도망칠 준비를 하고 있는 것이다. 상대에 대한 강한 열등감 때문에 여유가 없기 때문이다.

'팔'이
우리에게 말해주는 것들

화가 나면 팔짱을 끼는 사람이 많다. 팔뚝은 강한 힘을 상징한다. 그 힘을 드러내어 상대를 위협하려는 속셈일 것이다.

딱히 화난 것도 아닌데 팔짱을 끼는 사람이 있다. 회의에서 별것 아닌 이야기를 하는데도 팔짱을 낀다.

팔짱을 끼는 것은 자신의 주변에 울타리를 만들고 싶은 심리의 표현이다. 팔 안쪽은 자신의 영역이며, 상대를 그 안쪽으로 들여놓지 않겠다는 마음이 들어 있다. 그런 사람은 남의 말을 잘 받아들이려 하지 않는다. 가만히 듣고 있으니까 이해한 것으로 오해하기 쉽지만, 머릿속에서는 거부와 부정의 에너지가 소용돌이치고 있다.

그렇다고 팔짱을 끼는 포즈가 늘 거부의 자세를 나타내지는 않는다. 팔짱을 낀 채 미소 띤 얼굴로 고개를 끄덕이며 이쪽의 말을 듣고 있는 경우도 있는 것이다. 이런 팔짱은 화자에게 자신의 힘을 과시함과 동시에, 우월한 입장에서 찬동을 나타내는 포즈다.

'흠, 좋아! 이야기가 꽤 그럴듯하군' 하며 속으로 고개를 끄덕이고 있다고 보면 될 것이다.

혼자서 팔짱을 끼고 있을 때는 다른 사람과의 커뮤니케이션을 거부한다는 의사 표시이다. 깊은 사색에 잠길 때도 팔짱을 낀다. 이것도 다른 사람과의 커뮤니케이션을 거부하고 조용히 혼자 생각하고 싶다는 마음의 표현이다.

상대와 정면으로 마주하지 않고 비스듬한 자세로 끼는 팔짱은 상대를 비꼬는 마음을 나타낸다. 상대의 의견에 비판적일 때 취하는 포즈다.

'다리'가
우리에게 말해주는 것들

남과 얘기할 때 상대의 다리를 보는 사람은 별로 없다. 보통 표정이나 손의 움직임에 신경을 쓸 뿐, 다리에는 눈길을 주지 않는다. 그렇다면 다리에는 인간의 본심이 그대로 드러날 가능성이 많다.

앉아 있을 때 무릎을 달달 떠는 사람은 뭔가 불안을 품고 있다. 사람이란 불안이나 초조에 빠지면, 반복적으로 미세한 자극을 가해 정신의 안정을 꾀한다. 그것이 무의식중에 무릎을 떠는 행동으로 나타나는 것이다. 손가락으로 테이블을 톡톡 두드리는 건 사람들 눈에 띄기 쉽다. 그래서 테이블 아래서 다리를 달달 떤다. 특히 타인의 시선을 신경 쓰는 사람에게 흔히 보이는 버릇이다.

미국의 심리학자 로버트 소머는, 무릎을 떠는 행동은 상대에 대한 거부의 표현이라고 말한다. 사람은 남이 필요 이상으로 자신의 마음속에 침범해 들어오거나 가까이 접근해오면 불안해진다. 그런 불안이 다리나 발끝을 떠는 행동으로 나타난다는 것이다.

가족이나 그룹 가운데서 누가 가장 힘이 센가를 알고 싶을 때도 다리 자세를 보면 된다.

『바디 랭귀지』의 저자 줄리어스 파스트는 어머니의 힘이 강한 가정에서는 어머니가 다리를 꼬면 그 남편도 다리를 꼬게 되고, 이윽고 자식도 다리를 꼰다고 말한다. 사람은 무의식중에 그 집단에서 가장 힘센 사람과 똑같은 행동을 하는 것이다. 남편이 주도권을 쥐고 있는 듯이 보여도 아내 쪽이 먼저 다리를 꼬고 남편이 그것을 따라 한다면, 그 집안의 실질적인 보스는 아내라고 봐도 좋다.

'자동차'가
우리에게 말해주는 것들

직장에서는 수수하고 눈에 띄지 않는 사람이다. 그런데 그가 아끼는 자동차는 비까번쩍한 스포츠카인 경우가 있다.

그렇다면 직장에서 그 사람의 수수한 이미지는 가짜 모습이며, 실제로는 유행에 민감하고 남의 눈에 띄고 싶어 하는 성격의 소유자이다. 자동차만큼 소유자의 성격이 분명하게 나타나는 경우는 많지 않다.

미국의 정신분석가 조나단 로젠바움은 자동차와 그 사람의 성격에는 커다란 연관성이 있다고 말한다.

'타는 사람의 퍼스널리티를 연장시킨 것이 자동차'이기 때문에 그것을 보면 소유자의 성격을 알 수 있다는 것이다. 로젠바움이 주장하는 차종과 성격의 관계는 다음과 같다.

패밀리카를 타는 사람은 공처가로 아내의 의견을 중시하는 경향이 강하다. 소형차를 타는 사람은 자기 자신을 분별하고 있는 성숙한 성격의 소유자다. 단, 남에 대한 의존심이 강한 경향이 있다.

일반적으로 연비가 좋은 자동차를 고르는 사람은 자신감이 부족하다. 특히 평범한 여자들 가운데 이런 타입이 많으며, 남자의 경우는 튀는 것을 싫어하는 성격이다.

유행하는 자동차를 선호하는 사람은 모험가이면서 호기심이 강하고, 남의 눈에 띄기를 좋아하는 성격이다. 스포츠카를 타는 사람은 인생을 즐기고 싶어 하며, 남보다 더 자유롭게 살기를 갈구하는 성격이다.

4륜구동을 즐겨 타는 사람은 지금 자신이 있는 장소와 시간에서 벗어나고 싶은 욕구가 강하다. 현실에 불만을 가졌을지도 모른다. 왜건을 타는 사람은 외향적인 성격으로 사람이나 동물을 좋아한다. 사교적이며 이웃과의 교류에도 협조적인 사람이 많다.

분수에 맞지 않게 대형 고급승용차를 타는 사람은 자신감이 부족한 사람이다. 다른 사람들이 자신을 어떻게 볼까 끊임없이 신경 쓴다. 반대로 사회적 지위가 높고 경제적인 여유가 있으면서 대형 승용차를 타는 사람은 보수적인 가치관의 소유자이다.

차종에 관계없이 자동차 안에 곰인형을 놓아둔다거나 액세서리로 요란하게 장식을 하는 사람이 있다. 이런 사람은 자기과시욕이 강한 경향이 있다.